贾永辉◎著

我的父亲
贾大山

河北出版传媒集团
花山文艺出版社
河北·石家庄

图书在版编目（CIP）数据

我的父亲贾大山 / 贾永辉著. -- 石家庄：花山文艺出版社，2023.2
ISBN 978-7-5511-6282-1

Ⅰ.①我… Ⅱ.①贾… Ⅲ.①贾大山（1942—1997）-回忆录 Ⅳ.①K825.6

中国版本图书馆CIP数据核字(2022)第168757号

书　　名：	我的父亲贾大山		
	Wo De Fuqin Jia Dashan		
著　　者：	贾永辉		
出 品 人：	郝建国	统　　筹：	李爽
责任编辑：	梁东方	责任校对：	李伟　杨丽英
插　　图：	刘现辉	美术编辑：	王爱芹
出版发行：	花山文艺出版社（邮政编码：050061）		
	（河北省石家庄市友谊北大街330号）		
销售热线：	0311-88643299 / 96 / 17 / 34		
印　　刷：	石家庄众旺彩印有限公司		
经　　销：	新华书店		
开　　本：	880毫米×1230毫米　1/32		
印　　张：	5.625		
字　　数：	100千字		
版　　次：	2023年2月第1版		
	2023年2月第1次印刷		
书　　号：	ISBN 978-7-5511-6282-1		
定　　价：	20.00元		

（版权所有　翻印必究·印装有误　负责调换）

贾大山

贾永辉和女儿

孙犁赠言

汪曾祺赠言

徐光耀祈愿大山痊愈而抄写的《金刚经》

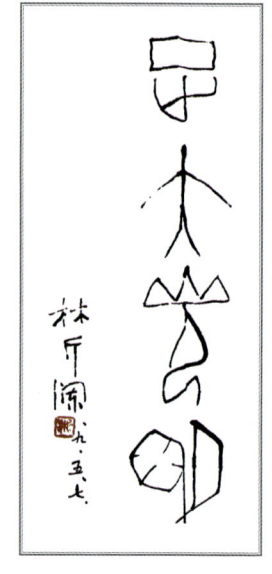

林斤澜赠言（正大光明）

前　言

　　这几句话，虽然占着"序"和"前言"的位置，但也谈不上序、前言什么的，就是想和能够读到这本小册子的有缘人、文艺界的同仁们，随便说说话而已！既然这个小册子是在讲述我父亲，那就说说他！

　　1964年之前，我爸爸是正定城内一个平常的居民。说具体点儿，就是一个没有正当职业的、干临时工的。高中肄业后，在灰窑上干了几天活儿。后来在剧团当临时工、改写剧本。再后来，响应号召，到正定县城北约三十里的西慈亭下乡，当了农民。

　　当时，他已经有一定的文化功底。除了上学学到的文化知识以外，还有自修的那种文化。其实，我们每个人都有有文化的一面，只是自己还没有发现，就像自己的优点被浮躁的尘土埋得或深或浅。其一旦被挖掘出来，那么你也是很了不得的人，至少是一个比较优秀的人吧。有时候，自己的优点自己看不见，需要真正而又诚实的朋友帮你发现，真诚地来告诉你。你如果接受朋友的话,是一回事;如果不接受朋友的话,那是另一回事,也就无须多言了。

我爸爸在农村干了一段时间的农活儿,就被住在我家房后的支书"一铁锹"挖出了他的优点。不知道支书从哪个角度发现他很有文化,就让他从田间走进了学校,教了一段时间的书,后来又让他当了学校的负责人。与此同时,还让他主持着村里的另一项文化活动——俱乐部。

办俱乐部,主要是写些宣传当时政策的演唱材料,还兼导演。在一个偶然的机会,俱乐部参加县里汇演,得到了县里文化部门的大力表扬,就把他调到了县文化馆,当起了"合同工",在文化馆写着演唱材料的同时,他还悄悄写着小说。1976年冬,他写了一篇名为《取经》的农村题材的短篇小说,发表在河北省文联主办的《河北文艺》上,后来被很多大刊、小报转载。该文1978年获得首届全国优秀短篇小说奖,他受到了国家最高领导人的接见。这篇小说还入选了中学语文课本,成了他的成名作。大刊小报上出现了一篇接一篇叫好的评论。

我爸爸没有因为这些成绩而脱离生活,而是把自己当成了普通百姓一样,本分地学习、本分地生活。可能是他这辆无形的"文化大车"上装的东西太满,还可能是思想上遇见了"颠簸的路",从他这辆"文化大车"上,在20年左右的时间里,哩哩啦啦掉下了不少的优秀短篇小说,在省内外乃至全国文学界,引起了不小的轰动。在他去世后的日子里,由康志刚先生和尧山壁老师整理,省委宣传部出资,花山文艺出版社出版了他的第一本小说集《贾大山小说集》。

在过去的很多年,我爸爸经常这样教导我:咱一个老百姓,不要想太多没有用的事。就想吃饱饭,干点儿有用的事。有时间,多读点儿书——就这么简单。过一种简单生活,是一件很不错的事。多年来,我一直遵循着他的教导。换句话说,能做到这些,也是内心对他无限的怀念吧!

贾永辉

2022年3月

目　录

◎ **第一章　记忆**

昨天似的　　　　　　001
他的烟头　　　　　　015
城里的生活　　　　　021
丝瓜架下　　　　　　032
在酝酿中转变　　　　036
创作"梦庄"和其他　044
受益后的生活　　　　057

◎ **第二章　源泉**

他和禅师　　　　　　061
平淡与静虚　　　　　071
生活啊，生活！　　　075
《取经》的意义　　　085
关于《中秋节》　　　088

关于《小果》　　　　090

关于《赵三勤》　　　092

关于《花市》　　　　094

关于《村戏》　　　　097

关于《喜丧》　　　　099

关于《梦庄记事》　　101

关于《"容膝"》　　　108

关于《莲池老人》　　110

似乎算不清账　　　　111

阅读　　　　　　　　113

◎第三章　"闲云"

他欺骗了我　　　　　115

闲云　　　　　　　　120

夜游　　　　　　　　123

琐记　　　　　　　　131

半圆桌　　　　　　　136

◎第四章 归宿

我在平淡中　　　　　140
他不知道的　　　　　144

后记　　　　　　　　165

第一章 记忆

昨天似的

我清楚地记得，西慈亭村南口、路西那座平常的农家院就是我家。街门是东西与南北一堵厚厚的土墙形成的豁口，门前冲着一条通往外界的土路。在街门口处的院里，生长着几棵不规则的、高高的、比胳膊粗些的槐树。每到五月，院里便飘起浓郁的槐花香，当年我们经常在树荫下愉快地玩耍，上树、爬墙，尽情地、无忧无虑地玩耍似乎就是一种追求、一种幸福！后来，我从西院的邻居家移回了两棵向日葵小苗，栽在了窗前。两棵向日葵小苗便茁壮成长起来，绿绿的大叶子、还不成熟的向日葵花盘、黄艳艳的花边点缀了青砖立面的小土坯房，点缀了这座农家院，点缀了我们的生活！

那时候，正处于三年困难时期，农村显得一片青黄不接。我们无忧无虑、愉快地玩耍似乎压过了当时那种缺吃少穿的困难岁月。可见，当时在农村有多开心了！仔细回忆，感觉心和大自然紧密地结合在了一起，感觉吸进体内的新鲜空气自然地冲刷着每一片肺叶，排斥着体内的浊气……在朦胧的记忆里，西慈亭的一切都很美好，使我产生了这片土地就是生我养我的故乡的感受。其实不然，我还有个老家，在城里。虽然那时候我妈妈经常带我去城里奶奶的住处，但没有意识到那里就是老家，只知道我的弟弟跟奶奶（我奶奶2020年去世，享年一百岁）在城里一起生活。

日出日落，伴随着我每天愉快地玩耍，伴随着我妈妈辛勤劳作。虽然是只顾玩耍的幼小儿童，但也有对昔日的某种记忆。一天，吃晚饭的时候，记忆中的一些事像水底缺氧的鱼浮上水面，从我嘴里冒出，我问妈妈："以前咱家门前那个水坑呢？"我妈妈一边吃着饭，一边笑呵呵地说："你还记得那个水坑呀？早填了呢。"在我幼小的印象里，没有记得谁填的那个水坑。我妈妈继续叙述着她的记忆，说那年的一天晚上，你爸爸在学校里备课回来的时候，一下掉进了那个水坑里，身上的衣服全湿了。

那个水坑，不是因为我爸爸掉进了水里才填的，而是因为它影响了人们的出行，影响了道路的宽窄划一，以及村口处的美观和孩子们的安全。那个水坑，不是鱼塘什么的，就是一个普通的小沙坑，下雨时流到这里的积水，过些日子就

又掉水坑了

会渗下去。我哈哈地笑着,意犹未尽地说:"天天从那儿过,都不知道有个水坑啊,怎么就掉进去了?"我妈妈说:"他的脑子里不定想什么呢。"我妈妈也就那么一说,我也就那么一听,像听故事、像听笑话——非常熟悉的一条路,大人竟然掉进了水坑里,多可笑……

在岁月的长河里,我渐渐明白,我爸爸脑子里的确是在想着什么,他的脑子里很忙……1964年,我爸妈是和一批青年响应党的号召,从正定县城来到三十里外的西慈亭插队下乡的。我爸爸在西慈亭的农田里只干过几个月的农活,后来不知怎么被住在我家房后的村支书发现他是个文化方面的人才。究竟有多大的才,那时候的人们,在这方面似乎不会吹嘘,只要比自己强,就是有才。换句话说,再有才、再能干,也是在他这个支书领导下做出的成绩。支书看清了这一点,所以不会压制人才。

后来我知道了,那时候的一天,我爸爸在大队门口对过儿的墙上写黑板报,他清笔正楷的小字写得非常漂亮,就被支书看上了,大队里进进出出的人们也都说写得好。后来,在黑板上画宣传画,画得也很逼真,支书又看上了,也说画得不错,大队里进进出出的人们也都说画得不错。就这样,我爸爸在支书的关照下,到了村口我家路东的小学校里当了一名民办教师。所以,我记事的时候,他就是老师。再

发现人才

后来,我爸爸又被抽调到权城公社中学,教起了初中、高中。他大概是在一门心思地想怎么教好学生,才走到那个水坑里的吧。

我模模糊糊还记得,村里一些青年男女,在傍晚时分、吃过晚饭的时候经常到我家来,还有房后居住的村支书,和我爸爸就高高兴兴地说着什么出去了。也怪,记得支书好像在这个时候,就和其他青年们一样了,显得那么平常、那么随和!像是他们其中的一员。在一个秋天的傍晚,天还不太黑,我悄悄尾随在他们身后,随他们朝学校后边一条熟悉的小街走去。看见他们走进了一间东西很长的土坯房。屋里亮着昏黄的电灯,北墙西边挂着一排胡琴,地上放着几个架子,架子上放着几种鼓。几个大人精精神神地进进出出。然后看见我爸爸在为他们讲解什么。而支书也坐在旁边认真听,并且还不时地点头、满意地微笑。门口有几个看热闹的人,还有几个和我差不多大的孩子看热闹。

然后看见我爸爸站在支书旁边。三个大人,有的用头巾包着头,还有叼着不点火的烟袋,他们在屋子中央来回走动,嘴里唱着什么、说着什么,同时,还说些好像不着边际的话。我不知道他们这是在干什么,看上去很有意思,像大人们玩过家家。他们好像很听我爸爸的话,我爸爸让他们停,向他们讲几句什么,然后继续……后来,我才知道那个地方叫"俱乐部",在我爸爸的指导下排练,那些叼烟袋、包头巾的都是将要演出节目的演员。

原来,我爸爸一边教学,还一边参加着俱乐部的活动。感觉我爸爸在学校当老师和做俱乐部里的工作,似乎比干农活更加得心应手,精神似乎更饱满、愉快。也许,他是在琢磨学校和俱乐部的事,才不小心掉进了那个水坑里。

那时候,我还记得没人和我玩耍时,就穿过门前的那条土路,到学校里找爸爸。学校里,教室前栽着一排排整齐粗壮、很高且又笔直的钻天杨。学校里的一片寂静中,这个屋里传出学生的朗读声,那个屋里传出老师的讲课声。我就像一只小狗子似的卧在一个教室门口,透过门上的缝隙,悄悄往里看。我爸爸站在讲台上,手里拿着一根木棍儿,指着黑板讲着什么。讲台下整整齐齐坐着好多半大孩子,他们就像学校里的钻天杨树,天天向上。

我清楚地记得,他当了小学校的老师后,偶尔带回一个粉笔头,在我妈妈做饭的时候,他便在我家厨房、被熏得黑黢黢的东墙上画些图画,画当时家家都有的猪、狗、猫、木梯子、大公鸡、向日葵和一只母鸡领着一群小鸡仔儿等。当时,在我幼小的心里好像就有了某种攀比;我估计村南口几家孩子们的爸爸,不会画这样的图画,他们也不会看到。这似乎是我们家有趣、简单的文化生活,似乎也是他热爱生活的表

俱乐部

现之一。有时候心血来潮，他也高兴地吼两句样板戏或别的什么戏，或是革命歌曲。

那年的一天，有一个陌生的、戴眼镜的、显些弓背的瘦小老头儿，穿着干干净净，脖子里挂着一个长方形的酱色皮盒子，推着自行车和我爸爸从学校里回来了。在后来的日子里，那个瘦小老头每天都骑着自行车来我家。只记得，当时我爸爸随着那个瘦小老头儿在村里转一转，到村北大沙滩里看一看，到沙滩北岸茂密的大树林里走一走。那个瘦小老头儿打开脖子上的酱色盒子，低头看着盒子里，"咔咔"地按了两下，那个盒子叫照相机。我还不时地听见我爸爸管这人叫王馆长。

我吃饱饭就跑出去玩了，究竟他们说些什么，我不关心，只关心那个瘦小老头儿什么时候到我们家；因为他一来，我妈妈就会做有滋有味的汤面或烙饼什么的。有一次，那个瘦小老头儿叫我妈妈和我，站在街门里边的树下，冲我们"咔嚓"了两下，为我和我妈妈拍了两张照片后，我爸爸和那个瘦小老头儿就不见了。若干年后，还是从我爸爸嘴里说出的：那时候，王馆长为调我爸到文化馆，就住在了西慈亭。由于他住的地方潮湿，还起了一身疙瘩。他整天和学校里谈，和大队里谈，和公社里谈。他说的好话，得有一"火车"。一天下午，王馆长神神秘秘地告诉我爸爸，赶紧去报到。明天你再回来,交接学校的工作,免得他们后悔,再不让你走就麻烦了。每当说起那些遥远的事,我爸爸的口气、面孔里都带着对那个王馆长深深的感激和敬重!感激他不为自己而为他人所付出的那种精神!

天很黑的时候,我爸爸才骑着自行车兴奋地回来。第二天一早,爸爸又不见了,并且一连好几天看不见他。也许是亲情的缘由,或是某种惦记,家里三口,忽然一个活蹦乱跳的人不见了,内心便会产生些孤独。晚上睡觉时也不见我爸爸回来,我便带着几分小小的担心,低声问我妈妈:"我爸爸去哪儿了?"在一盏"突突"跳动着的灯火下,我妈妈兴奋地低声说:"上班去了,过几天就回来啦。"

在我幼小的心里,没有上班不回家的概念,他上班就应该在我家旁边的小学校,或是村里俱乐部。过了好长时间,我才知道是那个戴眼镜的瘦小老头儿的确是姓王,名叫王彬。开始,我以为他的名字就叫"王馆长"呢,原来"馆长"是他在单位的官称。是他把我爸爸调到了城里文化馆上班的。

在以后的日子里,我爸爸每逢星期六下午回来时,自行车把上总好挂着一个绿色皮革小书包;他回到家,洗把脸,泼一泼院子,再简单扫一下,擦一擦饭桌,放在院里。在这安静的、充满生活气息的农家院里,借着西斜的阳光,一手里夹着烟,一手拿着铅笔认真写着什么。我只记得他夹烟的手,他吸烟的样子很好看,或说衬托着什么,有一种说不出的感觉,或说感觉他整个人都显得很细致。我静静地坐在他身后的屋门口,悄悄地看着他,暗暗地想着,我长大也得学吸烟。后来,我才知道那种细致叫"文明",他吸得很轻,他吐出的烟很少、也很细,似乎也很别致,就像脸前飘起了几丝淡淡的青云。不像房后的支书,吸烟那种讨厌的样子,吸一口,先从鼻子眼儿里喷出一股烟,喷得足有一尺远,像个小烟筒,然后在脸前慢慢散开,看着就总感觉被熏得不舒服。

家里每天就剩下了我和我妈妈,还有村南口每天一起玩耍的小伙伴。一天,忽然听见远处传来一声严厉的喊叫,随后是一片喊叫声。我看见远处走来浩浩荡荡一群人,人群中间踢腾起的尘土到处飞扬,模糊了我的眼睛。那群人的拳头,随着喊声在尘土中有节奏地一举一放。人群前边,有两个人拧着一个人的胳膊;被拧的人弯着腰,低着头,头上戴着一顶高高的尖纸帽,像大人们在做什么游戏,屁股后边还跟着一群人。一个人好像是领头的……当走到村口时,有人从背后拨开了领头的人,后边的人蜂拥而上,他们用拳头狠擂那个戴尖纸帽的人的背,用脚狠踹他的屁股,那个人像一条没有主的活死狗,没有言语,也没有反抗,被打得非常可怜……

后来,听大我几岁的小朋友说,那些是坏人,那样的行为叫"游街"。游街之前,他们先在大队里开批斗动员大会,好像是动员人们揍坏人。一个星期天,我爸爸正在屋里我家那个半圆桌前,面冲西墙静静地写着什么。然后又用铅笔的另一端有板有眼地敲着桌子,饶有兴趣地小声唱起来。我独自在屋门口的院里,拿着小铁铲在玩;忽然听见一个大我几岁的小朋友,在街门口喊我去看"批斗大会"。我的爸爸连忙站在了屋门口,带有几分严肃地叫住我:"不许去看那个,看了那个,晚上好做梦,很怕的梦。"他把我抱进屋,放在炕沿上,缓缓地说:"以后也不许去看那个啊。听爸爸给你唱会儿戏吧……"说着,便小声地唱起来,究竟唱了些什么,我听不懂。在我的感觉里,只是错过了一次去看热闹的批斗会。

他不在家的时候,我也很想和小朋友们到大队里看批斗大会。可我不敢,我不是听我爸爸的话,而是怕晚上做害怕的梦。那么,到底能梦到什么、究竟有多害怕,在我幼小的心里也不知道;而经我爸爸这么一说,似乎有了什么某种怕的意识,究竟怕什么,还是不知道。

我爸爸好像担心他不在家的时候,我背着他去看批斗大会。之后,爸爸每星期回来的时候,他便会给我带回几本连环画。我记得有《红色娘子军》《奇袭》之类的。一天上午,我爸爸骑着自行车,驮着我出了村,说要去东权城看戏。东权城我是知道的,就是西慈亭东南角、两三里路的一座村庄,也是公社(现在叫乡政府)所在地。

到了那里，在一条东西路上围着好多人。路南大戏院门口，有人看见我爸爸也在人群中，便高声拉着长调儿喊道："贾老师——到。"我对爸爸的这个称呼不陌生，因为他在西慈亭小学时，经常听到有人这样叫他贾老师。与此同时，好多人随着那一声安静下来，都看着我爸爸。那个高声喊的人给了我爸爸一支烟，还给点着火儿。当时他拉着我，走进了大戏院。我幼小的心里好像也隐隐产生了几分，暂且叫"虚荣"吧，产生了几分"虚荣"感。因为大家在那一瞬间，都在看我们。

我们进去之后，看见的是人山人海。好像前边有人向我爸爸招了招手，我们在靠前一个座位上坐下，他让我坐在他的腿上。他指着舞台上方的红纸上用白灰膏写的大字，低声在我耳边问："那些字念什么，知道吗？"他一顿一挫地念，"大型河北梆子《向阳花开》向我县人民巡回演出。"这个剧本是爸爸写的。我回头看了他一眼，他笔直地坐着，笑得很开心。

当时，我对"写剧本"没有什么概念；只是感觉我爸爸很不得了，究竟有多么不得了，我不知道，更不知道剧本里写着什么。只知道这个戏与我爸爸有关，究竟有多大关系，我也不知道。因为刚才他说的话，又使我下意识地想起了西慈亭俱乐部的某些事……那个戏很长，由于年龄小，我很快

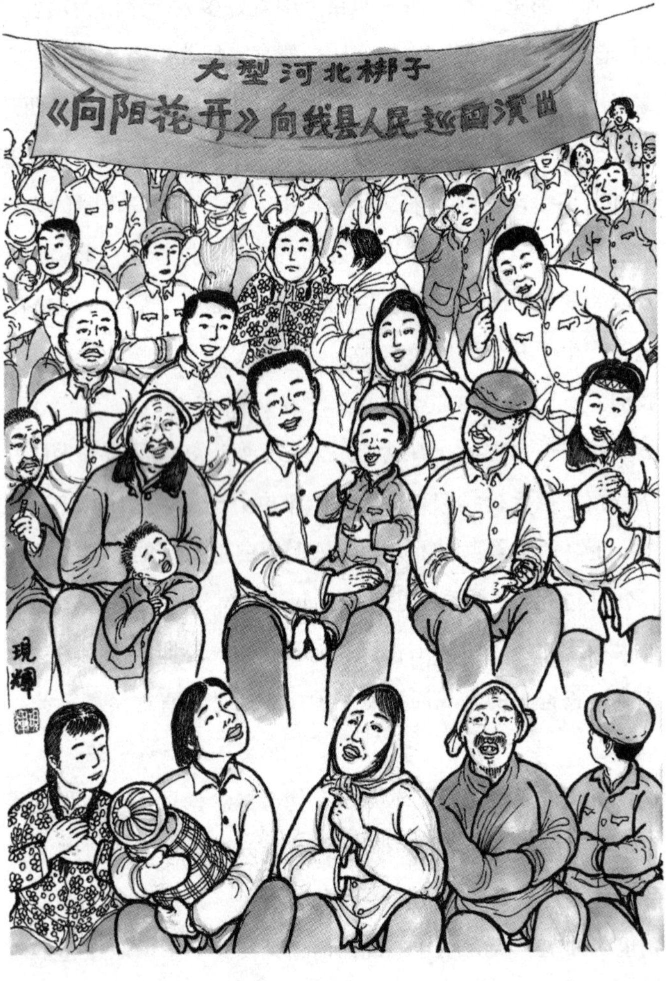
大型河北梆子
《向阳花开》向我县人民巡回演出
現輝

就忘记了(好像是1975年深秋,跟随我妈回城生活。1976年春天,天气还很冷的时候,在正定县人民礼堂还看过一次河北梆子《向阳花开》)。直至多年后,根据他平时的行为,我才渐渐明白,多年来他一直全身心地、默默地投入在文化事业当中,当年他才不知不觉地掉进了我家门口的水坑里。在这文字性的回忆中,仿佛又听见我妈妈说他掉进了水坑里,自己发出的朗朗笑声……

他的烟头

我经常看见我爸爸在那张半圆桌前,默默地抽着烟写些什么。尤其是晚上夜深人静的时候。有时我半夜醒来尿尿,还迷迷糊糊地看见他在一盏油灯下悄无声息地写着。他抱着我尿了,便继续写。白天,有时候他在屋门口静静地抽着烟、悠闲地蹲着,忽然得意地微微一笑,便将带着火的烟头装进兜里,回到屋,坐下来便写起了什么。工夫不大,带火的烟头烧着了衣服,一股呛人、难闻的烧焦味才把他从某种境界中赶出来。他赶紧往身上着火的地方浇些刚才喝着的茶水。他的衣服有好几件都是这样被烧坏的,烧得是那么轻松,烧得是那么自然,好像买衣服不用钱和布票,好像一点儿也不知道心疼。

烧衣服，我妈妈并不生气，只是平静地笑着埋怨他两句。他苦笑着说："记得把烟头儿掐灭了，装到兜儿里的，怎么就又着了呢？"不知道他这是在问谁，好像往他兜里装着火烟头儿的，另有他人。

他不光烧衣服，有时还烧被子。晚上，他好在一片黑灯瞎火中，躺在被窝里，侧着身抽烟。困了，他就迷迷糊糊地将被窝外夹着烟的手抽回到被子里边。瞬间，被难闻的烧焦味呛醒，赶紧起来点灯——救火。我在迷迷糊糊中看见撩开的被子，被窝里的烟瞬间弥漫了半个屋子，褥子上、被子上带着点点火星，看上去有冒火苗的趋势。看着这番阵势，我被吓得够呛……当时，在我幼小的心里，感觉晚上烧被子，要比白天烧衣服可怕得多。

他所在的单位文化馆，与我奶奶所居住的老家不远，但与西慈亭可就远多了。那时候在单位上班的公职人员，一般都吃住在单位，不让回家。每逢星期六的下午，他都骑着自行车从门口这条宽阔的土路上回来。而我总是在这个时候，伴随着那轮残阳，骑马似的坐在我家的土院墙上，目视着远处，等待着爸爸的归来。等久了，有时两手握成望远镜形状，朝远处望去，感觉自己就像一个侦察兵。有时候"侦察兵"就趴在墙头上不知不觉地睡着了；醒来时，回头看看院里仍旧没有自行车。我揉一揉蒙眬的双眼，继续朝远处看着。在

等父亲

当时的乡下,小孩子就是这样,只要不磕碰着,大人一般不会管,也不会说什么。也许这就是无忧无虑,也是西慈亭村给我留下的自由、美好印象的原因。

睡眼蒙眬中,我看见他熟悉的身影,骑着自行车出现在远处时,便赶紧从墙头上滑下来,朝他飞快地跑去。他高兴地从自行车上滑翔着下来,将我抱在自行车的大梁上,一同回家。坐在他自行车的大梁上,迎风行驶着,感觉自己也像刚从城里回来似的,小小的内心也有着几分兴奋!

他的回来,常给我带来意想不到的幸福,带来一个父亲对儿子的爱。晚上,我妈妈免不了要给他炒一个鸡蛋,喝两口酒。他便夹着一块鸡蛋送到我的被窝里,亲切地笑,露着两颗门牙叫道:"乖乖,香一香嘴儿吧!"现在回忆起那口炒鸡蛋,真的能嚼出一种别样的亲情和幸福!那时候,小孩们无忧无虑地玩耍,晚上再偶尔能吃上这么一口炒鸡蛋,真是太美、太幸福了!

直至多年后,当我说起这种日子很不错的时候,我妈妈告诉我,孩子家光耍、不当家,不知道柴米贵。有点儿好吃的,让你们吃了,你当然感觉不错了。我妈简单的言语里,隐隐透着对生活艰辛的感慨,或说对生活的某种埋怨。回忆起来,无忧无虑的玩耍,的确很不错!当时,我曾经幼稚地想过,如果我们不长大,总那么大岁数该多好啊!后来知道这个幼稚的想法是妄想,可在我内心常常若隐若现,持续了好多年……随着身边好多事都悄无声息地发生了变化,我有了某种对比,才渐渐不留恋那个年代的日子了,那幼稚的幻想才彻底被打翻。直至后来的某个时间,我猛然意识到,那种"不留恋",其实是一种很残忍的事情,既然感觉到了某种美好,为什么不可以留恋呢?这与钟表上的时间有着直接关系,古人说时间一去不复返,所留恋的那种美好已经随着时间一去不复返了。看来时间就是一种悄无声息的残酷,我们时刻都被"残酷"伴随、包围着。不过,好在还有安慰我们的"回忆",我常常回忆起那个无忧无虑的童年时代的美好情景。

同时,我又感觉"回忆"与"留恋"有着某种意义上的关系,"回忆"比"留恋"用得多,感觉"回忆"能够冷静而又清楚地告诉我们好多东西,或说启发什么。而"留恋"从字面理解,好像在呆板地回想过去的某一件事,或某一个场景,哪怕是有意义的事、有意义的场景,它好像懒得启发我们什么。

转眼间,到了1975年冬天。妈妈带我进了城。当时我还想,过两天回去找哪个小朋友玩。不想这次的回老家,竟成了在城里永久的居住。回城后,我经常思念西慈亭,并且还时常独自黯然掉泪,非常伤感的那种。原因很简单,我就是单纯地想念那里!想念西慈亭的房屋、院落,想念那里经常玩耍的小朋友！想念那里的一草一木和高高的蓝天、白云，那白云自由自在地流动在明净的空中。同在一片蓝天下，但感觉西慈亭的蓝天要比城里的蓝天广阔很多，那片广阔使我多年不能忘怀！

一个充满乡土气息的村庄，就这样深深留在了我的记忆里！它成了一段真实的传说。夏天，如果站在门前这条路的远处，你看不见村边的房屋，只看见一片绿油油的高大的树木。微风刮起的时候，绿油油的树叶随风摆动，就像画中虚假的、浩瀚的海平面立起，汹涌而来。虽然知道虚假，但也有着几分美感！那条宽阔而又平坦的土路两边，各有两行胳膊粗的杨树，两行树之间，是不算深的、排雨水的土沟，沟的两边是一片绿油油的、寂静而又空旷的庄稼地。庄稼地里，不规则地坐落着一间孤独的小屋。小屋的前面栽着一棵很大的柳树，树荫下有个像什么武器似的、生锈的黑铁管子，就像战斗片中的迫击炮，这是生产队浇地用的机井出水口。处处彰显着静态的美，那是一片让人感到踏实的美！对于我从那个年代走来的人来说，仿佛又回到了记忆中的自然情景之中！当然，现在的人文景观也美，但不是一个概念，而是另一种……这种美感总在内心产生着一种不真实的感觉，但有时候也能唤起内心那种自然、清净的美。当年那种清净的美感，对我来说，充满着强烈的魅惑！那种感觉已经一去不复返了，只能在美好的回忆中重现。

　　回忆起这些，我感觉很好笑，很好的衣服，被烧得大窟窿、小洞洞的，虽然被我妈妈缝补好了，但窥视那补丁，透过那大窟窿、小洞洞的痕迹，仿佛看见了我爸爸思考问题、写小说的认真，一门心思地什么也不顾了的瞬间，是一个个瞬间连接了起来，构成了他短暂一生的专门思考文化工作以及思考写作的一生。他的这些细小入微的行为，仿佛在告诉生活，什么都是小事，自己的工作才是大事！

　　在西慈亭的童年生活，就像发生在昨天。

　　之后的若干年里，听当年和我爸爸一起下乡的知青们讲过很多关于他在西慈亭一些很有趣的事。在我的感觉里，应该有很大一部分都是他们心血来潮、杜撰出来的，没有任何依据，并且也不符合我爸爸的性格。有人这样、那样的杜撰，哪怕不符合他的性格，也说明我爸爸当时在那个文化小圈子里，也算是个人物了。

城里的生活

　　城里的生活，玩耍的圈子小了很多。只是和爸爸、弟弟以及奶奶生活在了一起。其实我们真正在一起的时间还是比较少，因为该上班的必须上班，该上学的必须上学，只有午饭和晚饭的时候才能聚在一起，待上一两个小时。其他大多时间，我爸爸不是上班，就是在那张从西慈亭搬回来的半圆桌上（我们回城后，他在这张半圆桌上，曾经写下了短篇小说《取经》《花市》《中秋节》等）静静地喝茶、吸烟，再不就是认真写些什么。我们家屋里的空间很小，窄小得几乎转不开身，一条炕的东侧刚好放下那个半圆桌，炕的北边是一个火台，能转身的空间大概也就两平方米。

屋外的院子也很有意思，街门里边是一块不大也不小的院子。冲着街门是一个影壁墙，影壁墙后边是垃圾堆。我爸爸所住的屋子西墙外边就是这院子，当时我们家人叫——前院。齐着那个西墙还有一堵高高的墙，墙上留有一个很窄、很高、青砖砌的椭圆形的门。这墙上方的东西两侧扣着灰色的瓦。过了那个椭圆门，左边就是我爸爸屋的窗户，和西慈亭的窗户一样，是方格形状、糊窗户纸的那种。在院子中间的地方，是一个穿堂屋，后边是我们家的后院。纵观我们家，从前院到后院，是一个不算宽的长条。这个长条院落是我爷爷在民国时期，好像花了十四个大洋买下来的，大概都是民国时期的房屋。

他那狭窄的屋里、半圆桌的上方半尺高处，靠墙悬挂着一个电灯泡，灯泡用几张方格稿纸圈成喇叭筒样式，将灯泡罩住，相当于灯罩。半圆桌左上方放着一个铁茶盘，盘里放着一把瓷茶壶、两只水杯。靠墙的半圆桌边放着一盒蓝色墨水、一盒红色墨水还有一个黑色小墨盒。窗台上放着一个笔筒。

晚上开灯时，桌上很亮、很干净、整齐。其他地方暗一些，看上去倒也显些温馨。在这温馨、安逸的小屋里平静地生活、平静地读书、平静地写作，对于我爸爸来说，倒也是一件很严肃、愉快的事。这一切都是在一种孤寂中度过的，他好像对孤寂很上瘾，一点儿也看不出我们所谓的没意思、无聊。也许曾经产生过那种感觉，只能在吃午饭和晚饭的时候，在那一两个小时里，一边吃饭一边滔滔不绝、饶有兴趣地说话，才能把那种没意思、无聊的感觉用他那富有幽默的言语填补上。我们家很多有趣的事，都是发生在那宝贵的一两个小时里。至于说什么话题，那是即兴式的，比现在听相声有意思得多。

孤寂伴随着我爸爸悄无声息地到了1977年春夏之交的时候，本省的大小报刊上对他创作的短篇小说《取经》的评论开始热闹起来。《取经》发表在河北省文联主办的《河北文学》第四期上，随着一篇篇叫好的评论，人民教育出版社看上了这篇《取经》，被选入当时初三语文课本。

我清楚地记得，我家邻居大哥放学时遇见了我，高兴地从书包里拿出语文课本让我看，问我，这篇文章是你爸爸写的吧？我看了看，说是我爸写的。邻居又兴奋地说，老师介绍说，这个作者是咱们正定县城、西南街的。我举手向老师说："这是俺家南邻，俺们是近邻。"同学们可眼气（羡慕）我呢！他笑得眯起了眼，好像他沾了多大的光。同时，我听得很清楚，邻居大哥是加重了语气来述说"近邻"这两个字。他究竟沾了多大光，我不知道（当我用文字记述到这里的时候，不禁想发两句感慨！仅仅作为一个作家的邻居，就感到那么光荣、自豪，并且有人向他投去羡慕的目光。有人感到光荣，就有人感到羡慕，两者配合得多么默契、表现得多么友善！20世纪80年代中后期，人们便普遍冷漠了。90年代后，身边人对别人的荣誉、成绩变成了认真严肃的审视，你的荣誉对我有什么用？你的成绩能客观地分给我多少？面对这种现象，你有何感想？只要你想一想，无须回答）。

当年，《人民文学》转载了这篇作品，许多大报大刊也开始了叫好的评论，好像成千上万的人围着一棵芙蓉花在观看、评论。每当我爸爸在报刊上看到那些叫好的评论时，总好小声而得意地唱几句京剧。他唱出的京剧字正腔圆，就连我这个不懂京剧的、十多岁的孩子，听着都有着很足的味道。在此前后的一段时间，我还在暗暗怀疑，他什么时候学过京剧？在有一天吃晚饭的时候，我问他这个问题时，他不禁一怔，好像要埋怨我作为他的儿子，却不知道他的历史似的，又显出了几分因为学过几场戏而产生的优越感或说美感，说：

"俺从小就唱戏。"然后我爸爸简单讲起了他当时的经历,说我爷爷是个小商人,他的门市离正定城内的大戏院不远,拐两个弯儿就到了。我爷爷非常喜欢看戏,我爸爸是我爷爷的长子、心头肉。每当我爷爷看戏的时候,总好带他去。

时间久了,他也好比比画画、玩似的学着跑龙套,学得倒也像么回事。后来,我爷爷遇见了城里一位会做风箱的老朋友赵师傅(文化馆赵老师的父亲,后来我们晚辈管赵老师叫老赵伯伯),他是一位京剧老戏迷,对舞台上的活儿样样精通。我听说做风箱的赵老先生,曾经和中国四大名旦其中一个同台演出过,至于是谁记不清了。

不知道是这之前还是这之后,好像以赵老先生为主,好多人办起了"二簧学"。这个"二簧学"是当时很有些名气的民间团体组织。我爷爷便美滋滋地让赵老先生看我爸爸跑龙套。看后,赵老先生满意地点着头,说这么点儿个孩子,学得有模有样,并且还对他进行了简单指点。后来,我爸爸便也成了"二簧学"里的一个小成员。在那里,我爸爸结识了赵老先生的儿子,比我爸爸大三四岁。就这样,两个小孩便成了发小、好朋友。上了小学之后的业余时间,两个小孩便正式学起了戏。也就是坐、唱、念、打之类的。在一次演出时,卸了妆之后,他就起了一脸疙瘩,痒得难受。后来才知道那是因为化妆,脸上涂得油彩而起的过敏反应。就这样,他不再登台演出了,只是很喜欢唱。如果不是起了一脸疙瘩,就能继续唱戏。如果我爸爸能走唱戏的路子,我想最后的结果也不会差到哪里去。

随着年龄的增长,他对唱词慢慢有了些研究,慢慢接触了些《宋词》,自己也练着写些现代唱词。后来又读些《唐诗》什么的,同时他也渐渐对文学有了一种朦胧的认识。上初中的时候,其他科目成绩一般,唯独语文成绩比较好,老师也经常拿他的作文来作为范文,念给同学们听。大概是上中学的时候,他便开始写些短篇小说,发表在当时的《建设日报》《石家庄日报》的副刊上。他的文学之路,就是这样一步步地踏踏实实走来的。直到我爸爸四十多岁的时候,还能翻几个前空翻,高兴时唱几句。

难怪我爸爸在西慈亭下乡的时候,俱乐部里的人都听他的,原来这不是空穴来风,在舞台上、剧本和导演方面,他是有着一定基础和经验的。也难怪当初文化馆非要调他去当合同工、写演唱材料。

1978年冬天,更大的意外收获和惊喜出现了,他的那篇《取经》获得了全国首届短篇小说奖。那时候,有电视的人家还很少,大部分人在吃过晚饭之后,好拿着小板凳到自家附近的单位去看电视,很多人围着一台黑白电视来看。好多人在电视上看见领导人在为获奖作家一个个颁奖,然后是亲切握手。并且是一个作家一个镜头,特别显眼。我爸爸的朋友、熟人们在电视中看到了领导人为我爸爸颁奖、握手的瞬间便炸了窝。这样的新闻就像所有的聚光灯汇聚到爸爸的身上,使好多陌生人开始关注他、羡慕他。甚至一些陌生人,托熟人来结识他。与此同时,我爸爸还经常收到本省和外地的读者来信。

关于《取经》的评论,在那个年代又一次被掀起。当时,人们都非常信服报纸、刊物,对这些印刷纸张都充满了潜意识的敬仰。可以这样说,可以不听爹娘的话,但必须听从报纸上的言语。另外,那时候的文化还比较匮乏,文化娱乐也很少,人们的思想还不那么开放。在这样的情况下,书、报和电视新闻便成了人们的依赖,这似乎也是人们通过读书、看报,来了解某一件事或某一个显著人物的唯一途径——于是,父亲和他的《取经》又一次被不少人所关注。

我不知道他什么时候加入的河北省作家协会,成为河北作家协会理事。后来不长的一段时间,我在家闲得无聊,翻阅着刚寄来的河北省作家协会主办的《长城》,偶然间,我看见在某一页的下方,印着一个不小的四方框,里边的黑字写着:我省刚被批准的中国作家协会会员……仔细看着,发现了我爸爸的名字。在他名字前后,大概还有四十几人。时间不长,他被吸收为"中国作家协会文学讲习所"学员,他成为全国为数不多的学员之一。据说,那批学员大概有三十一二个人,都是从各省抽去的当时文学界的精英。

后来那批学员几乎都成了全国著名作家,再后来,大部分人成了各省作协主席或副主席。就连我爸爸这个不愿做官的人,在他去世前也当了一段时间的河北省作协副主席。20世纪80年代初,他还当了九年半正定县文化局局长。当局长末期,还兼任正定县政协副主席。后来又成了省政协常委。在他当官期间还有着许多鲜为人知的事,而不是故事。因为故事有被人演绎的成分,而那种演绎里,不知道有多少不确定因素、有多少"戏说"成分。

"讲习所"结业,回到正定时间不长,他就当了文化馆副馆长。虽然我的年岁大了些,但对他那个副馆长也没有什么概念,认为当与不当都无所谓。后来,某个人告诉我说那是一种荣誉。人总得有点儿荣誉感,就像写小说一样,名字印在报刊上,是很光荣的!副馆长虽然是兵头将尾,那你要倒过来看呢?

我会心地笑了!

倒过来看的时间不长,在我爸爸这个兵头将尾手里,酝酿创作出的独幕剧、河北梆子《比翼双飞》,被搬上了舞台。四十分钟的小戏,在演出时有人暗暗做了统计,观众鼓了六次掌。还是那个人说:"兵头将尾,将又怎么样,他(指别人)

能写出这个?他只会在厕所里偷着写王八。你爸爸这个'尾'净干大事、好事,让大伙儿面子上都好看。"清楚地记得,我爸爸的脸色立刻变了,严肃而低声地埋怨说:"你向孩子灌输这个干吗?以后别跟孩子们说这个啊。把目光放在舞台上,琢磨着怎么唱好你的戏就行了。"

我听得出,这人的言语里另有所指和某种矛盾,也意识到,大人之间的矛盾在暗流涌动。不过,从当时我爸爸的行为和他的某种言语来看,他和任何人没有矛盾和冲突,他在自己的生活里,逃避着身边的一切矛盾,他好像没有时间考虑那些矛盾,也不愿让他的好同事、好朋友靠近那些无聊的矛盾和是非。他将全部精力用在了小说创作上。时间不长,《河北文艺》发表了他的作品《中秋节》;很快,这篇小说被《中国导报》转载,又被翻译到了《世界语》杂志上。同时,也招来了不少叫好的评论。至今,还会有人经常提到那篇《中秋节》。

时间不长,他的短篇小说《小果》刊登在了《人民文学》上。后来,又被收入到《人民文学》创刊三十周年的一本小说选和《青年佳作》。记得那个年代,城市里的一些青年好像在一夜之间开始追求什么"喇叭裤"和花里胡哨的衣服。男青年留起了长长的头发,一手提着录音机,一手捉着大链盒自行车把,戴着墨镜,放着港台音乐行驶在大街上。更重要的是，在这样的环境下，青年人的人生观、世界观以及恋爱观也发生了极大变化，给生活带来了不确定性的因素。

这篇反映农村青年恋爱的小说《小果》，就是在那样的环境里诞生的。小说又一次迎来了潮水般的叫好。紧接着，短篇小说《年头岁尾》在河南省作家协会主办的《奔流》上刊出。次年，他又将这篇《年头岁尾》改编成了同名河北梆子独幕剧，在河北电视台连续播放。那年腊月，又被中央电视台现场录像，正月里在中央电视台连续播放，并获得国家级奖。再后来，他的短篇小说《赵三勤》在山西省作家协会主办的《汾水》上发表，获得了山西省优秀小说奖。随后，被当时的《新华月报》转载，也就是后来的《新华文摘》。后来又被日本银河书屋出版的《中国农村百景》所收录。

即便有了这样的成绩，我爸爸仍旧那么低调、那么朴素，走在街上和以前一样，靠着路边，低着头，胸前口袋里挂着那支两块多钱买来的钢笔，好像是那支钢笔的点缀，使他看上去就像一位普通的中学教员，一点儿张扬的痕迹也没有。那是在80年代中期，他要去北京开会，脸上刮洗得干干净净，穿着件洗得褪了颜色的中山装，胳膊肘上带着一块半尺长的补丁。我说："爸，您怎么不买件西服穿上啊？再系一条领带，那多精神啊。"他故作精神抖擞的样子，冲我笑着说："咱这精神的样子，像不像要去北京开会？……做人，要修里边

（心）的，不是外边（外表）的。"

我爸爸非常重视"里边"的修养，仔细想，他所研究的一切、所做的一切，都是在为小说创作而打基础。后来，我对文学产生了兴趣，又由兴趣到酷爱。做文学也是一种修养，因为做文学，在这个物质环境里，在一些人眼里是费力不讨好——能挣几个钱？以我的感觉和认识，兴趣与酷爱之间有着一定距离，这个距离究竟有多大、有多远，似乎又很难界定，如果到了酷爱的程度，即便费力不讨好，也是非常愿意做的。这样的想法，似乎有些浪漫主义色彩。

在那样的酷爱中，我曾经碰过壁，在寂静的夜里，我抽着烟，静静地看着手里烟头的火光，想是否应该像其他熟人一样，下海去挣钱？仿佛手里忽明忽暗的烟头火光悄无声息地给了我一个明确的答案，又仿佛看见我爸爸烧衣服、烧被子。冷静下来，有的问题便瞬间迎刃而解……与此同时，使我想起了某位戏剧家。那位戏剧家演出结束后，总好在深夜里点着一炷香，打坐似的眯着眼，静静地看着忽明忽暗的香头，看着袅袅升起的缕缕青烟，好像在那忽明忽暗的香头和那缕缕青烟中安静又专心地寻找什么。

我甚至感到，在某个时候，烟是好东西。

也许是在那个时候，我拉开他半圆桌上的抽屉，看见他用蘸水笔在方格稿纸上写的字规规矩矩。他在行与行之间空白处不固定的地方写几个字或一句话,圈起来,标注好。那小字写得规规矩矩,要比我们的钢笔字漂亮、规整很多。我辨认很久,才断定那不是钢笔字,而是小楷毛笔写的(之后很多年里,我看过不少的书法展,我特意找小楷书法看,来和我爸爸的小楷暗暗相比,发现都不如他的小楷舒展)。之后的好多年里,我发现他用钢笔或蘸水笔写作,用小楷毛笔修改,用小楷给朋友写信。他写的小楷的那种工整给我留下了很深的印象。估计没有几年工夫,是写不成的。

丝瓜架下

有时候,可能是为了鼓励我们好好学习,他经常讲起年轻时的一些事。在他那慢悠悠的言语中,我记忆较深的是,他叙说自己十七岁就跟剧团改连台戏剧本《千里驹》。他还讲述他在当时的《石家庄日报》《建设日报》发表文章。他到底发表些什么文章,我不曾问过;也许他说过,我忘记了。后来,他又说当前文化馆的工作,到了文化馆,主要是创作一些曲艺、演唱材料。写小说算是不务正业。即便领导不批评,自己也觉得心虚。心理承受着很大的精神压力,就像一棵小树苗钻出地面,把压在上面的砖头拱翻一样。后来,写小说成了他的主要工作,写演唱材料倒成了次要的。

他说这些话的意思，好像是在给我们内心输入坚韧不拔的力量，不论做什么事都要有巨大而坚韧的恒心。也许我的理解出了什么差错，在爸爸这样的教导下，不妨碍别人生活的时候，我养成了——倔强的性格，就是"拧"。

我的"倔强、拧"主要表现在不听话这方面。午饭后，大人让午睡，而我放下饭碗就找同学杜昆玩去了。要说这个杜昆，倒也不是顽劣的人，他长得贼胖贼胖的，而我瘦溜溜的，我们俩在体形上有着鲜明对比，脾气也相投。

在杜昆家玩，倒也没有白玩，那年春天，他给了我十来个丝瓜子。我用一只小碗泡得长出了芽，在一个较热的中午，在前院靠东的地方挖了一个不算深的坑，用砖斜着砌了一个规规整整的、一米多长的畦，将发芽的丝瓜子种在了里边。几天后，它长了出来。又几天后，我在前院搭起了一个很大的丝瓜架。当丝瓜秧子长到一定规模的时候，我爸爸便每天傍晚让我扫一扫前院的丝瓜架下面，他搬来一个竹躺椅，静静地半躺着，看上去很是清闲安逸。有时还放上一张饭桌，他将常用的宜兴壶和一只小水杯放在上边，很惬意地喝着茶。这个丝瓜架成了他季节性的常在之所。

我年年留些丝瓜子，年年有着吃不清的丝瓜。我爸爸年年在那个丝瓜架下，静静地喝茶、抽烟。感觉那个丝瓜架下，就是他后来构思小说的主要地方。好像因为他为数不多的几篇小说,招来了一位比我爸爸大很多的瘦高个子老人。这个老人好像是时任河北省作家协会主席或副主席,总之是河北省作协的领导。后来还听说他是"大别山"时候的师政委;解放后,成了写农村题材的老作家。之后,我在图书馆有关文学的书籍上看到,他的短篇小说和长篇小说,曾受到过茅盾的高度赞扬!当时他在我们正定县任专职县委常委,属于挂职下乡,来体验生活的。他和我爸爸很早就是朋友,属于那种亲密无间的。据观察,这位瘦瘦的老人对我爸爸非常尊重,尊重到什么程度呢?他后来给我爸写信,总是称"大山兄",称我妈为"嫂夫人",并在信中还提到我和我弟弟,"祝二公子均安",将我们家四口问个遍。我爸爸也非常尊重他,管他叫李老师或漫公。他的真名叫李满天,笔名林漫。我们晚辈习惯尊称他为"漫公"。

年龄悬殊很大的两个人,好像有着说不完的话题,他们究竟在说些什么,我不太清楚,他们说起话来都是那么低声。说话的一方总好歪着头,面孔严肃,像是在提示对方什么;然后一只手总好简单比画着,表示某种确定性。另一方认真瞅着对方,注意听着,然后默默地点点头,表示着赞同;有时候也轻轻摇摇头,好像表示对某个问题有异议,然后低声再交流。从他们那严肃的面部表情看,一老一少肯定是在业余时间进行着专业的探讨……有时候,漫公还笑着向我爸爸

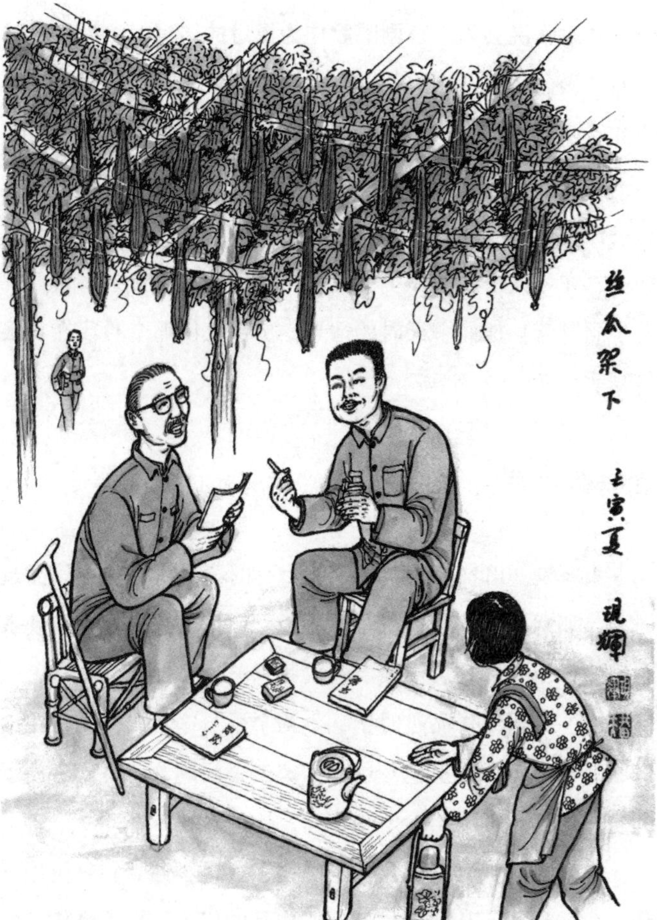
丝瓜架下
壬寅夏
現輝

拱一拱手，点头表示着佩服。有时候漫公会用不太标准的（漫公是甘肃临洮县人）京剧唱腔作为探讨的结尾。然后，我爸爸便让漫公在家独自喝茶，自己到街上买来一只烧鸡，两人便开始小酌。

丝瓜架下，成了俩人经常说话的地方。那丝瓜秧子好像有灵性似的，吸取着日月精华和天地灵气。两人在丝瓜架下聊着，在冬天小西北屋里的热炕头上聊着，喝着茶聊着，喝着小酒聊着！他们聊天时的情景，仿佛又使那个时代在我眼前复活起来……

在酝酿中转变

大概是 20 世纪 80 年代中期，有的读者认为传统作品过时了。那两年，我爸爸就写得少了。后来，新派作品在读者眼里又显得有些青黄不接。开始我爸爸说，中国读者是怎么回事啊？说传统作品过时了，不稀罕了。这新派作品，在读者眼里也显得那么逊色。这是作家出了问题，还是读者出了问题呢？

在过去的岁月里，我爸爸阅读了鲁迅、孙犁和赵树理三位先生的作品，从中寻找到他们作品的优点，也就是作品的灵魂。换句话说，在他们作品的灵魂里，找到了他们想说而没有说的。那些话经过时间的洗礼，经过加工，变成了属于他的东西。也难怪有人说，他的作品有着鲁迅的深刻犀利，有着赵树理的朴实幽默，有着孙犁先生的清新。我想学他，又学不来。所以，读书也是一门学问。他在三位前辈那里，又做了详细的比较，比较哪个更适合我们这个社会环境，更适合自己。好多人都知道，80年代初的那两三年，他几乎没有写过。也有人说，他当了局长，行政事务太繁忙。其实那只是人们看到的一种假象，或说表面现象，也可以说是一种片面、无端的猜测。有人说，是他的思想与当时的环境脱了轨，他跟不上时代、落伍了。

那时候，他有一个细致入微的行为。他经常独自坐在沙发上吸烟、喝茶，尤其是那犀利的目光，认真审视着一个地方，那副认真的样子好像在和谁生气，未免使人感到有些可怕。他在想什么呢？首先，单位的工作对于他来说，那是得心应手。其次，也不是他跟不上时代、落伍了。社会就像一台戏，就像在演绎一个永无止境的故事。作家一定能够将自己融入这个环境，哪怕是某种违心地去融入。

那么，我爸爸在那两三年里，没事就那样瞪着眼坐着到底在干什么？这一点，别说粗心人只能乱猜，就是细心人也很难能猜到。如果静下心来看，一切问题就迎刃而解了。在之前的岁月，他的那些短篇小说众所周知，基本都带有些图解政策的成分;与其他作家的短篇小说相比,也都显现着精益求精的"简短",从人物形象塑造来看,也显现着粉碎"四人帮"之后的人物新形象。那些作品,也使他在文学界产生了一定影响。可我爸爸似乎还不满足这些,如果像之前那样写下去,不免会产生雷同,也很难写出新意。大家知道,文学创作就是要创造出新意。于是,我爸爸就像躲避瘟疫一样宁可不写(当时,我爸爸不写作的消息传到了北京,后来林斤澜老人在写《初三读三声》中曾提到过),也不去走那些费力不讨好的雷同路子。那样写出的作品,对不起自己的劳作,更对不起读者。用他自己的话说,就像拾人牙慧一样无味。

在不写作的日子里,他也没有纯粹歇着,而是认真、冷静思考今后自己该怎么写,这对于一个作家来说,是一个非常艰难、棘手的问题。他回顾过去自己读过的书,赵树理老先生笔下对农民的描写、当时农民的形象以及思想。在新时代里,他们都已发生了翻天覆地的变化,已经不再适合新形势下的社会环境了;但赵树理老先生所反映的农民朴实的美好,是值得颂扬的。因为我们中华大地上,农民占着相当大的比例,我们这个民族最大的特点就是朴实。而我们的农民,好像总是过着"甜蜜而心酸"的生活,这一点可以记在内心的"笔记本"上。

记得那段日子,我们吃午饭的时候,他总好聊天似的讲起赵树理先生的小说中的情节,也总好讲起在西慈亭时候当农民的日子,以及由贫穷生活所造成的笑话。后来,他结识了城里四合街六七十年代时候的大队长。这个大队长可以说是"正定通",在正定这片土地上,天上飞的、地上跑的、水里游的,可以说没有他不知道的。

如果大队长和他的老朋友、文化馆的赵老师坐在一起,那可就有得看、有得听了,不笑得你前俯后仰才怪(那时候,赵老师经常无意中提到他和我爸爸的共同好友王福山,这个王福山比赵老师和我爸大几岁。他年轻时,经常带着赵老师和我爸练功,在一起唱戏。小说《钱掌柜》里的主人公就是这个王福山。这个人也留下了很多的小说素材,可惜的是,此人去世得早)。我爸爸向大队长了解一些四合街农民的状况,写出了反映改革开放初期风貌的短篇小说《村戏》《贺富》《喜丧》《西街三怪》等作品。尤其是《喜丧》的结尾处,那个"我"通过牛老乔的一生,对人生有了些更深的反思,甚至达到了"禅"的境界。

他一边思考赵树理先生作品的某种特点和自己需要传承的东西,一边思考着鲁迅先生和孙犁老师的某个作品,还将他们的作品暗暗地做着比较(或许有读者会问:你爸爸"想"什么,你怎么知道的?你看见他脑子里"想"了?如果有人这样问——那就对了)。还是在我们吃饭的时候,他讲鲁迅刻画人物时的简练和刻画出的神韵。更多的时候是讲孙犁老师作品的清新,讲赵树理先生的幽默。那时候他到底具体讲了些什么,时间太长,记不清了。在吃饭的时候,他讲起这些,无非是想打破吃饭时一家人在一起时候的寂寞,那种寂寞也只能用自己读过的、书上有意思的情节来做补充,笑一笑而已。

一天,在我打扫卫生的时候,看见他常坐的沙发上有收录鲁迅先生作品的一本小册子,还看见他拿起来翻看几眼就又放下了,好像不是在读书,而是在寻找什么。有一次,他忽然问我:"图书馆里有没有孙犁的《铁木前传》?我有过一本,暂时找不到了。"当我拿一本《铁木前传》回家的时候,他又找到了自己那本,也是像翻阅鲁迅先生作品的小册子一样,看几眼便又放下。由此可以判断,他肯定是在做着——某种详细的分析。在那段时间里,他似乎找到了什么,继续着《喜丧》结尾处所表达的,用小说的形式开始了对过去的某种回忆。一夜之间,我们曾经待过的"西慈亭"成了他笔下的"梦庄",创作出了使人反思的系列短篇小说《梦庄记事》。

不写作的那段时间,他在阅读自己的偶像。

他在自己的偶像作品中,发现了自己怎么写、写什么。

可以说《喜丧》是他小说创作转变的"序言",紧接着便推出了系列短篇小说《梦庄记事》。好像基于《梦庄记事》

的影响,老画家韩羽先生(当时韩老和我爸爸同是河北省政协常委,他们经常在一起开会)专门为我爸爸画了一幅漫画,发表在河北省作协主办的《长城》上,不知道是韩老画得好、画得传神,还是我爸爸喜欢默默地认真读书,潜心写作,那幅漫画只画了他认真写作的背影。后来,这幅漫画被好多报刊转载,至少我在《河北日报》《文论报》以及《燕赵晚报》上都见过。那幅画的题目叫《只画背影》,在画面的空白处,有韩老玩笑似的图注:

　　画大山漫像,兼题数语:贾大山自甘寂寞,埋头写作。只画背影,意在颂彼之长。我本画技不高,难得肖似。只画背影,实为避己之短。

那幅漫画影响比较深远,好像韩老也比较喜欢自己的那幅作品。直至我爸爸去世几年后,我在上海的《文汇报》上,又一次看到过那幅《只画背影》,只是韩老又加了这样一句:

　　大山问我:"不欲我以真相示人么?"
　　我说:"不闻金圣叹云:'观如来者,不见顶相,正是如来顶相也。'"音犹在耳,不想大山辞世乎乎已半载,叹叹!

我爸爸去世十多年后,在 2008 年《美文》第 5 期上,我又读到了韩羽老先生怀念他的文章,题目就叫《贾大山》。在韩老的那篇文章里,我又了解了一些关于我爸爸的事。原来,韩老在很早的一次全国文代会上认识了我爸爸,后来,他们又都成了河北省政协常委。

我爸爸创作的一篇篇精美的短篇小说,就像从西慈亭田野里、那个黑铁管子里抽出的井拔凉水,流向大自然的田间,浇灌着春夏之交的麦田,浇灌着秋后的玉米。他的小说,浇灌、滋润着喜爱他小说的读者!我曾经听到有人这样说,阅读他的小说,感到心里敞亮、舒心,可惜写得太短、太少了。与此同时,不禁想起孙犁先生发表在《光明日报》上的那首打油诗:"小说爱读贾大山,平淡当中见奇观。可惜大山写得少,一年只见四五篇。"说实话,能得到一代宗师孙先生这样的赞扬,也算是极大的荣幸了!听到孙先生的这首打油诗之后,我爸爸也真的高兴过一段时间。在我爸爸去世之后的若干年后,在他的遗物里发现了一封 1994 年 6 月 4 日徐光耀写的信。徐老在信(之前之后的信中,年迈的徐老总是称我爸爸为大山兄)中说,孙先生向徐老要我爸爸给他(徐老)开的一个读书的书目。后来我爸爸给没给孙先生,我就不得而知了。还是在这封信中,孙先生还夹着一幅一尺见方的宣纸片,托

徐老交给我爸爸。那张纸上写着流利的毛笔字,内容如下:

纵一苇之所如,凌万顷之茫然,
浩浩乎如冯虚御风,而不知其所止。

从书法角度说,不论纸张还是书写形式,好像都有些不太规范。不难看出,很可能是孙先生在休息、没有写作的时候,随手写的,并没有经过什么认真思索:我要给某某写一幅书法作品,正正经经铺好一张大小差不多的宣纸,至于写什么内容,再好好思考一些时候。总之,我相信人的潜意识,我想,大家也都是这样吧。孙先生信手拈来自己认为比较合适的一句话写下来的。也许与我想的恰恰相反。下边写着:赠大山同志　一九九四年　孙犁。在那张不算大、不算规范的小宣纸上还盖着自己的印章,一点儿也不失书法的某种意义。这句话是宋代诗人、苏轼在《前赤壁赋》中的一句话。大意是:任凭小船在茫无边际的江面上漂荡,越过苍茫万顷的江面。就如同凭空乘风,却不知在哪里停止。孙先生将这句话送给我爸爸,显然是老人家阅读我爸爸的小说后的那种——大方而飘逸的感觉,或说飘逸的某种灵气。

我爸爸被著名作家王蒙老先生誉为"短篇小说的高手"。著名作家、我爸爸的好朋友汪曾祺老人前来正定,用餐的时候,汪老高兴地赠予了我爸爸一句话:"神似东方朔,家旁西柏坡。"我爸爸谦虚地回答道,谈不上,夹着尾巴做人吧!汪曾祺老人好像居高临下的样子,笑着说,看,又东方朔了不是!也许汪曾祺老人的心是认真的,话是玩笑的。汪老回到北京,用比较大方些的宣纸写了下来,那字迹显得非常飘逸,寄给了我爸爸。再后来,由于搬家,那张纸不见了,想起来实属可惜!这样的片断言语,也算对汪曾祺老人和孙犁老人的一点儿怀念!

汪老写下"神似东方朔"的句子,究竟为何意?也许在汪老看来,我爸爸的神韵以及为人处世像古人东方朔,也许是指我爸爸的文章神韵像东方朔文章的某些地方,这样分析,似乎与孙先生(我爸爸没有见过孙先生)借苏轼的言语相赠,在某些地方就相似了,究竟为何意?也许我猜想的正确,也许完全错误。还是请有心、有兴趣的读者朋友来判断吧。

创作"梦庄"和其他

因事先知道《梦庄记事》将要"诞生",我便经常有意无意地想起在西慈亭时候的某些生活片段。那两年,在我爸爸的影响下,我对文学也已经产生了浓厚的兴趣,做着文学的"春秋大梦"。基于我的爱好,也就盼望着《梦庄记事》

尽快与读者见面。不妨简单说一下,我的这场文学的"春秋大梦",完全是我爸爸帮我做的。这样说的话,又不禁想起之前、我刚不上学的时候,疯跑着玩了差不多有一星期。一天午饭后,我躺在屋里的床上,听见奶奶在屋门外低声向我爸爸说:"你家老大,几乎天天出去疯跑着玩。"我内心一怔,这下少不了一顿训。

不承想,我爸爸只是淡淡"嗯"了一声。吃过午饭,他拿着一摞方格稿纸和鲁迅先生的两本书,来到我的床前,和蔼地低声说:"下午你有事吗?"我说:"没事啊。"他说:"没事你帮我把这两本书抄一遍,我有用。"我想,既然大人有用,抄就抄一遍吧。他说:"认真地抄。题目占一行,空两格,一段是一段的,一个标点一个格。"当时,我真的不知道他让我抄一遍到底有什么用。大概抄了一个多星期,那种疯跑着玩耍的想法就彻消失了,甚至都懒得出去了。这是我接受写小说前的心态训练。

后来的日子里,每当抄完一篇鲁迅先生的文章,他都要简明扼要又耐心地给我讲一讲。同时,我也记住了不少……当年的8月,我到图书馆参加了工作。后来,我也读了些其他的书,也练习着写点儿文章拿给我爸爸看。我告诉他,只能指导。可以就事论事地提意见、批评,但不能挖苦啊,我爸爸得意地笑着答应了。他看完之后,缓缓告诉我,这件事,

抄书教子

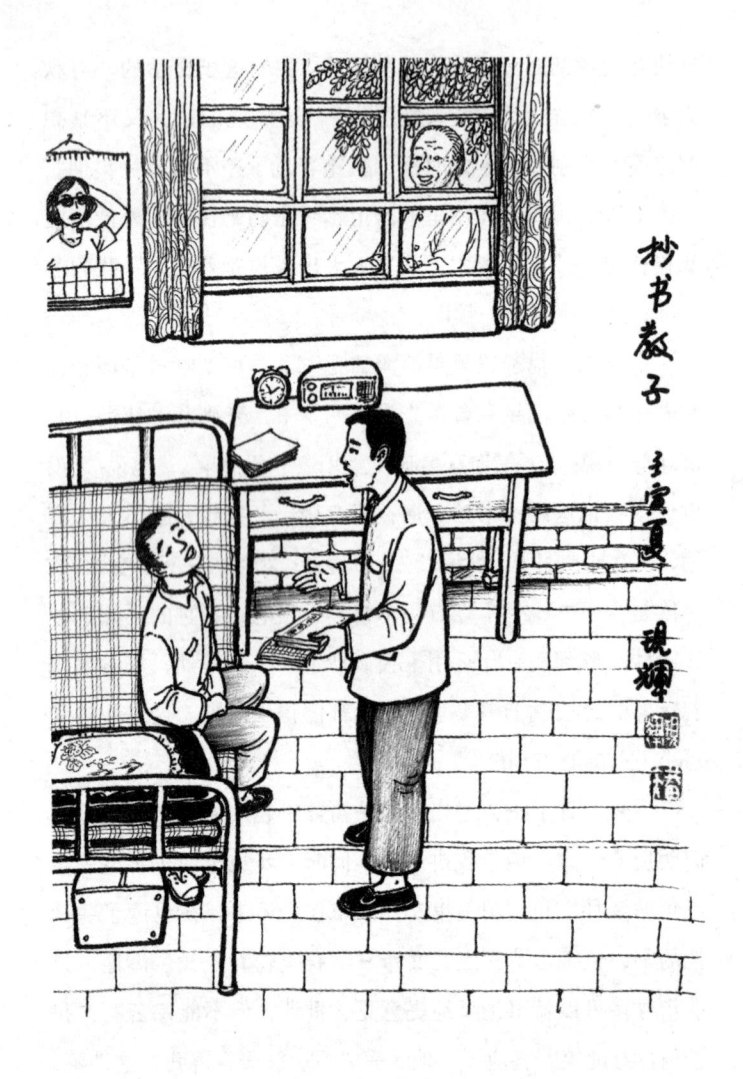

不能构成一篇小说，压缩一下，构成一篇小说的情节还是可以的——我牢牢记住了。

一天上午，他坐在沙发上抽着烟、喝着茶。我说："爸爸，我给你提个建议吧，你该让司机开车把你送到乡下住一段时间。"他笑着说："体验生活。"他猜到了我想说的，继续说，"不用，我的生活，都在这个小茶壶里焖着呢。"

我仔细想想，他只是下乡的时候在农村待过那么六七年。现在他怎么可以这样说，我的生活都在这个小茶壶里焖着呢？说到底，我也算是一个读过两本书的文学爱好者。此刻，我转念一想，便歪着头说："爸，你是一个写农村题材的作家。你这样的话，怎么我感觉你好像读过西方作家的作品啊？你应该读过霍桑的小说，读过卡夫卡的作品，还有普鲁斯特的小说啊？"

我爸爸一怔，一副严肃的面孔认真打量着我，瞬间感觉他把我当成了一个大人，或陌生人。他渐渐地微笑起来，避开了我的问话，认真地说："你这样问，我知道你说得有根据。小得（得，他发'贼'的音。他经常管我叫'小贼'。在我30岁的时候，曾经对他这样的称呼产生过反感）啊！在这一点上，我不想夸奖你。你在图书馆工作，多读些大师级的作品，但不要效仿他们，因为他们在手法、思想等方面，与中国文化及中国作家所表现的内涵和外延，有许多地方大相径庭。

导致中国读者不接受。所以,看懂他们对问题的思考、认识方式就可以了。那些人虽然有时候不按正常套路出牌,但不能否认他们的聪明。有时间,反复读鲁迅、契诃夫的作品,他们的中短篇小说,是非常不错的。"

那些年,我妈妈经常打断我的话,表现出一种不耐烦。她说:"孩子家,去一边吧。"我爸爸便说:"他这个孩子,和别的孩子不一样。他说话你可以不听,但不能不考虑。"我爸爸这样说,究竟是什么意思,我至今不大明白。不过这样的话,对我来说似乎是一种鼓励。在之前和之后很长一段时间里,我表现得很不听话。一天吃午饭的时候,他好像无意中说起了小说创作,我端着饭碗,下意识地愣住了,认真地看着他。我爸爸得意地笑起来,转过话题,说:"我观察你好几次啦,我说别的话,你从来都不听。只要一说有关小说的话题,你那两只狗眼就直了,听得可认真呢!"我没有笑,说我的眼是狗眼,也不生气。实话实说,我只是觉得他说出口的一些观点,与我所想的非常相似,甚至是一样,只是他说出来了,我没有说出来。

我刚参加工作那两年,主要负责阅览室和接收报纸。一天,我终于接收到了自己所盼望的那期《长城》杂志,终于看见了盼望已久的《梦庄记事·三题》。我放下手头的工作,便兴奋地读起来,心情猛地严肃下来,被那个"吃果不吃油、吃油不吃果"的年代夺去了的生命触动了。老路成了那个年代的牺牲品。与此同时,我也明白了,当年为什么我爸爸不让我看批斗会,批斗会的性质和老路的下场几乎差不多,也看到了农民对文化的渴望和追求!

那是一个什么样的年代啊?当年我们还小,只顾愉快地玩耍,不懂得考虑那么深远。如果队长(《花生》中的队长)不那么喜欢她或重男轻女,不把孩子整天扛在肩上,跟我们一起玩耍,她就不会有那样的结果。看来,家长的溺爱真不是什么好事。与我的记忆不同的是,我爸爸将故事往前推,推到了1964年。那个被一粒花生豆卡死的小女孩,就是一个这样的例子。

当我爸爸听了我这样的想法时,笑着说,小说就是小说。小说就是这样……时间不长,报纸上对《梦庄记事》前三篇叫好的评论出现了不少。同时,这三篇又被《小说选刊》和《新华文摘》选中了。

从那时候开始,只要遇见新鲜事、新鲜的语言,我就不由自主地考虑写小说是否能用上,用上是否恰当。感觉到了某种程度,一句话就会触动自己来写一篇小说。庆幸的是,我爸爸肯定了我对某些事的思考方向是正确的。他曾这样说,像你这样分析某些事的角度,也证明你认真读过几本书、认真学习过;也不难看出,你也进行过一定的总结和积累,不过在生活中还需要某种经验才行。

时间不长,我根据自己的思考方式和某种经验,试写了一篇关于正定城里一位流浪汉的短篇小说,感觉写得不太成功,也没有问他怎么来修改。一天,在上班的路上,我遇见了文化馆的赵老师,他劈头盖脸地就冲我说:"你小子不得了啊,你作为县领导家的公子、局长的儿子,你能看见街上跑着的某某某!谁他×的看起他了呀——你却能看见他。"

我一想,赵老师肯定是到我爸爸那里歇着了,而我爸爸还向他说起了我注意观察生活之类的话,不然赵老师不会向我说那番话……我暗暗感到了欣慰!至少说,我发现那个流浪汉这一点是正确的。之后的好多年,我一直惦记着那篇文章将近二十年之久,后来我终于将当时那篇不太成功的短篇小说,改成了一部中篇小说来发表。不妨进一步说,这都是我爸爸那句"要有坚韧的恒心",倔强、拧在怂恿着我,我觉得很值了。

我们一家人平静地生活着。我爸爸慢条斯理地写着他的《梦庄记事》。社会上挣钱的风气到了几近疯狂。就在这个节骨眼儿上,我们文化系统出了一件大事。很早之前,剧团为留住一批学员,将他们的户口全部迁到了一个很远的农场,后来农场一方将户口全部丢失了。

我爸爸作为文化局局长,了解了整个过程之后,帮剧团解决集体户口。第一批就解决了将近二十人,并且涉及孩子及家属,将近三十人。这件事在县里影响很大。后来遇见了上级一位领导,当别人提及此事时,那位领导伸着脖子,开门见山地问我爸爸,弄了多少钱啊?我爸爸大大方方地说:"问我们石书记。"石书记简单的言语、坚如磐石地落了地,如实说不但没有弄钱,在家里请了几次客还贴着酒菜。这一点,我以县委书记的名义,完全可以做证。

石书记也是两袖清风的老领导,当时经常到我们家,并且还非常喜欢戏曲,也很有些文化。石书记那简短而铿锵有力的回答,比我爸爸说千言万语都要管用。那段时间,经常有人假设性地描述某种灰色的前景,如果一个户口,不多说,两万;将近二十人,涉及近三十人,这得多少钱?这还是第一批。那第二批呢……算这种账的人,是非常精明的,最后的结果是,瞪着眼、咧着嘴直摇头,好像心灵受到了沉重、猛烈的撞击。那副模样,好像是被扇了一记耳光而感到疼痛,又好像对我爸爸不爱财而佩服得五体投地。也许,在他们内心深处还隐藏着第三种情结——贾局长这人真傻,这么好的机会,白白错过了。

当我爸爸听到别人算这笔账的时候,却置若罔闻,非常平静,继而又显得非常惊诧。他先是替那一部分人着想,如果没有那么多钱,为这事到处去借钱,让人家过着紧巴日子去还账，人家得骂我多长时间啊？自己落一个受贿的名声，若被关起来，还有在家喝茶的自由啊？还有和朋友们一起喝酒、聊天的自由啊？哪有这样过着平静的生活，读个书、写个字好啊！不要总想着名和利都是你的，老天爷不欠你的，老百姓更不欠你的。两者之间，俺选择在家里平静地读书、写字。换句话说，局长这一级的，如果谁比我挣得多，那他准是有事。工资差不多，我还有稿费，有时候到年底评个奖，还有奖金，这样加上我的工资，他们的钱却比我多？不怕用嘴说，就怕用心想，想去吧。面对钱，我宁愿手里的钱少点儿，至少不怕半夜被谁敲门……小康，什么叫小康？在家能吃上一碗香喷喷的炸酱面、包个饺子就叫小康！

　　这样的言语，证明着我爸爸的生活愿望不是很高，但他的精神追求是很高的，在他为数不多的小说里，也可以证明。或说，他的精神生活远远超出了他的生活追求，这似乎就是一个优秀作家的品质、情操！在他的生活中，完全超越了追求物质的表现，也完全超越了享受生活的行为。我爸爸似乎将追求"生活的朴素美"和"健康的精神生活"当成了一种绝对的时尚！这一点比好吃嘴的我强多了，当年开副食品商店的卖小吃的、卖烧鸡的都认识我。当时，我奶奶一句非常形象的话概括了我：唉！你不过是个小子家，你要是个娘儿们家，就是个养汉老婆——人家让吃点儿喝点儿就行。我爸爸听到我奶奶对我这样的评价,在旁边笑得没了眼睛,笑得直流口水,好像在为有这样一个好吃嘴的儿子而感到高兴!

面对对我们来说永远诱人的金钱,我爸爸有坚定的定力。面对别人所谓能捞钱的事,他想不到;即便能想到,他也做不到。他只顾一心圆满地做事。

后来,媒体也经常报道一些关于受贿的新闻,我爸爸有时也简单分析。他苦笑着说:"你说他傻吧,当的官却不小;说他不傻吧,风风光光地当着官,就被关起来了。这究竟是傻还是不傻呢?"他当了九年半文化局局长,后来基于某种原因,调到了政协,当了专职副主席。在此之前是兼职副主席。后来他又由副主席兼任了一段时间局长。

其实,在他简单的生活里,他将文化看得尤为重要,似乎将身边的一切,都要用文化这杆秤来衡量,用他所熟知的辩证法来衡量。随着时代的进步和变化,他所衡量出的结果,似乎就不那么"与时俱进",有时候甚至还显得有些可笑、滑稽,甚至还遭人暗暗嘲笑。但他也平静地坚持,这种坚持,也就造就了贾大山,脱颖而出了一种"贾大山精神"。这种精神不但表现在他为数不多的小说里,同时也表现在他的生活中。"精神"必须要得到大家的公认。哪怕你嘴上不服,但在你公正无私的潜意识中也是认可的。还可以这样说,在我们简单的生活中,很多时候还需要良心。

在我爸爸表达这种意思的时候，他没有憎恨，只有苦笑的埋怨和某种怜悯，怜悯这些人没有用文化和踏实来夯实自己。其实，生活中有好多事，看似很平淡，里边却蕴藏着很深厚的文化底蕴，人一不小心，就会被很平常的事所迷惑，就会被隐藏着的危险拉下水。这也就应了一位先人曾说过的话："生活欺骗了我。"如果从辩证的角度来理解这句话，又是什么结果呢？应该是，你在无情地玩弄生活，生活才会欺骗你。你玩弄生活到什么程度，你就会被欺骗到什么程度，结果完全取决于个人。生活似乎就是这样的五彩缤纷，用他小说中的一句话，"人人像我就好了，人人像我就坏了"。从某种角度来说，我爸爸小说中的幽默似乎也是一大景观，不然，当年徐老不会写那篇《幽默贾大山》。

他的那种幽默也只是讨人一笑而已。这样说，似乎有点儿违背我爸爸的某种意愿了。就像大家看笑星表演的小品，笑过之后也就算完了，好像没有任何启发，似乎是快速躲过了那响亮的"三鞭子"而摔个趔趄，没有打在身上而感到得意，才为之大笑的。如果我爸爸在世，我想他会这样告诉我，大家只要高兴，笑就是了。

说来说去，直到我爸爸去世后，才感觉自己有很多问题没有来得及向他请教，只顾贪玩了。虽然他是我爸爸，但更多的时候，我也将他看成老师。不过有时候我也怀疑老师的学问是否正确、是否可靠。有一年的省政协会结束后,他回来高兴地说,有明老和尚让我给他们讲课呢!当时我惊诧地看着他,别的我不知道,我在图书馆了解到,佛学是一门庞大的知识体系。我问,你懂那么多啊?他没有回答,只是干笑。我吃惊地想,他给出家人讲课,而且是讲佛学。于是,我便暗暗对他所掌握的知识产生了某些疑问。后来他真的去讲了,讲了半月,具体讲的什么,我不知道。若干年之后,我听一位年轻些的和尚朋友说,当时我爸爸讲的是论语、庄子和佛学综合在一起的知识。

纵观我爸爸短暂的一生,他虽然取得了一定的成绩,但他还是努力着贴近平淡,让人不禁产生些羡慕。说到我爸爸平淡、恬静的生活,他的老朋友、河北著名作家徐光耀老前辈这样评价说:"他不想干的事,可以不干;而想做的事,由于愿望不高,很少妄想,也就大体都达到了目的。"他似乎是在平淡的生活中扬起了自己那面个人的风帆,在那面风帆的背后,又是什么呢?我爸爸的朋友、著名作家蒋子龙前辈这样做了个总结:大山无疑是文坛中人,似乎又从未进入过文坛。文坛无论是热闹的时候,还是冷清的时候,都没有他的份。风光露脸的事他不参加,出乖弄丑的事也找不到他,在文坛上看不到他,可他的人缘、文缘又很好。文坛上没有人敢轻视他,他的小说写得不是很多,但一篇是一篇,返璞归真,大道自然,很有些蒲松龄的遗风。

徐老和蒋老表达得非常准确。因此,有好多喜欢恬静生活的人非常羡慕他。还是这群人,他们在望而不及中,也羡慕着他的名气之大,那种羡慕几乎达到了嫉妒的程度,是一种豁达而又亲切的嫉妒!他们在我爸爸身边,我爸爸也在他们身边,天长日久,便成了非常要好的朋友。还是这群人,在我结婚的时候,他们在我家非常热情地忙里忙外……他们成了我家的常客、朋友,朋友越来越多!

我爸爸过着平常的日子,认真地进行着文学创作,生活过得倒也惬意。纵观他的所有作品,没有那种大的、血淋淋的厮杀场面,也没有那种惊天动地、轰轰烈烈的大干场面,更没有那种惊心动魄地捉谁、逮谁的情节,都是一两个善良的老人、妇女、中年人出现在他的作品里,用他们的善举来解决作品里的问题。这一点,我爸爸好像秉承了鲁迅先生和孙犁老人的文风。

发表了将近二十篇《梦庄记事》之后,他也穿插着写些其他的作品,比如《妙光塔下》《古城人物》《西街三怪》《古城茶话》等。

受益后的生活

生活在我爸爸身边,我也曾经想过,发不了财,但也不至于饿着,有时吃得也不错。再看我身边的一些同龄人,有的升官发财,混得风生水起;有的辛辛苦苦,虽也发些财,不过再看他的那份辛苦,发的那些财似乎就有些不值了。

在很长一段时间里,我一静下心来,考虑我爸爸曾经告诉我的话:"不论做什么事,要有坚韧的恒心。"同时,也使我们家人,将我的行为化为了口头上的"倔强、拧"。在我的感觉里,"拧"比"倔强"更难听些。仔细想,是我爸爸那句话应了我,后来我便在那种风格上表现得理直气壮。同时,也让一些人摸不着头脑。在我所看到的一些现实里,毫无头绪的理直气壮,就会使你在气场方面征服别人,或说是在欺负人。很快,我便将那种所谓的"理直气壮",从我的生活中删除了,感觉"平静"是最好的生活方式。

在我的生活里,远离了一部分人。

在受到我爸爸认可的同时,我也遭到了家人们的反对和埋怨,我只当他是在跟我闹着玩儿。当时,我爸爸和我妈妈搬到了外边的单元楼上住。在我的孩子小时候,我记得刚过八月十五,中午的天还比较热,就让我奶奶帮我看着孩子午睡,我去给她拉两车蜂窝煤。第二天中午我再拉两车,就够她一冬天烧了。我奶奶慢悠悠地说,这会儿中午还热,你不如在家睡会儿。

我认准了的事,不论天冷还是天热,只管去干。于是,她又开始说我这人拧。两个中午拉四车煤,一冬天够她烧了。就这样,下午也不耽误上班。我又告诉奶奶,下个星期,再抽时间给我妈妈往楼上拉四车煤。再下个星期,我再拉我用的四车煤。若天冷了,买煤的人就多了,煤场里的煤紧张了,煤也该涨价了,咱们倒不用发愁拉煤了。我奶奶又开始夸我会计划……就这样持续拉了好几年蜂窝煤。

后来,我搬到了单位家属楼。可每年的腊月十八九,我都要回老家给我奶奶、我妈妈扫房、擦玻璃。她们说:"天冷,不扫房、不擦玻璃了。"冷,我也要坚持。于是她们又叽叽歪歪地开始说我拧。我说:"既然回来干活儿,就由不得你们了。"我奶奶的年岁偏大了些,禁不起寒冷,我擦玻璃,不开窗户,擦了里边再擦外边。这样里里外外跑腾,擦两次也就擦干净了。不过在寒冷中,我弄得袖筒里湿乎乎的,由于要过年,兴奋的心情支撑着我坚持了二十年左右。在我五十岁那年,我奶奶说:"明年俺就不让你蹬椅子、上桌子地扫房、擦玻璃了,脏就脏着。你虽是孙子辈儿的,可你也老大不小了!"

我的这些"倔强、拧"的举止,是在我爸爸说的"要有坚韧的恒心耐心"这句话延伸而来的,是潜意识的、发自内心的愉快来完成的。这样愉快而不畏寒冷的干活儿,应该是我在生活中另一种小小的"创作"吧!

在后来的生活里,我深深体会到了那种坚韧的恒心和不畏劳苦的宝贵,我又体会到那种坚韧的恒心和不畏劳苦中,还隐藏着宝贵的"平静"。后来,我再干活儿的时候,我爸爸总好缓缓地说:"歇会儿吧!你也不嫌累、也不嫌麻烦。十次有八次看见你都是在干活儿。"我嘻嘻地笑着说:"不管什么活儿,只要我看懂了,就不嫌累,也不嫌麻烦。反倒感觉干点儿活儿很高兴、愉快,是发自内心的愉快!"

我是这样想的,也是这么做的。就怕看不懂,抬手就干,干些返工的活儿,又生气又上火的。就像写小说一样,心里有一个故事,不去冷静构思,不去进行进一步挖掘,抬手就写,写了四五千字,发现不成功,那不返工、不上火才怪。

我爸爸听了这样的话,便抿嘴微笑起来,默默地点着头,记得那次的微笑,使我很暖心。他低声说,能把生活与写小说这样联系起来,很好!至少说,你干活儿是有板有眼的。能发自内心地愉快干活儿,你这种心态也很好。

他是很少夸人的。

能养成这样的生活习惯,我也感到欣慰了!不论干什么活儿，我心里都是愉快的，并且是充满阳光的那种愉快，没有半点儿怨言。我常这样想，生活中无非就是两件事：一是静下心来学习，一是愉快地做点儿家务或干工作。

我爸爸任局长的时候，下属单位的一些人开玩笑似的问他，怎么谁谁也不往你这里走啊？我爸爸看得出，这种玩笑里透着几分真实的想法，也透着几分拱火儿、整人的意思。我爸爸吸着烟，平静地说，谁不往局长这里走，说明他把工作中的难事，妥妥当当地处理好了，工作做好了。

第二章　源泉

他和禅师

下边，请读者朋友们让我用漫谈的形式，聊一聊我爸爸和临济寺的有明老和尚、老禅师。他们之间也有一段善缘，可以说也值得一提。

那是20世纪80年代初，有明老禅师来到临济寺的时候，惊动了整个正定县及石家庄地区。之前的许多年里，由于种种原因，人们没有见过"和尚"。有明老禅师来到临济寺之后，正定城里城外和周边县的人们，纷纷嚷着说来临济寺看和尚，好像和尚身上有着什么奇特之处。

一年夏天，我们早早吃过晚饭，天色还亮，我爸爸好像也出于那种好奇地说："我出去遛个弯儿，到临济寺转一圈儿。"记得那天晚上他回家很晚，第二天吃午饭的时候，他告诉我们，那和尚叫焦有明，还说了些什么，我不记得了。

总之，那时候我对和尚的印象不是太好，至于为什么有这样的感觉，我也说不清。然而，我爸爸好像对和尚很感兴趣，那些日子，我们吃午饭或晚饭的时候，他总好津津有味地说起临济寺的和尚，还和我开玩笑说，你去当和尚吧？我瞥了他一眼，表现出极度的反感，我说才不去呢。他一怔，说："你以为和尚是随便当的？可不是啊。和尚，是那种对谁都和蔼且品行高尚的人，才能当和尚，才是和尚呢！"他这样说，好像对"和尚"情有独钟似的。

他对和尚这样的态度，使我对他暗暗产生了几分疑虑，不好好写你的小说，与和尚掺和什么呀？我的内心不由得燃起了一股无名火，确切地说，应该是一种牢骚。与此同时，不由得让我想起平时听到的、沾有灰色的言语，那种言语间接地、模模糊糊地与我爸爸有关联，说唱戏的（包括偏爱唱戏的）都是那种吊儿郎当、好吃懒做、不务正业的人。我身边有着不少这样的中年人，好好地做着某种事，很快就吊儿郎当地走了邪路，毁了之前的业绩，毁了之后的道路，那些人的结果好像是命运的安排，谁也左右不了。莫非我爸爸在这个年龄段，就会走向那种谁也左右不了的、整天烧香、拜佛的路……

很快，我爸爸和那个有明老和尚产生了"善缘"。不知道是有明禅师吸引了我爸爸，还是我爸爸吸引了有明禅师，一来二去，二人成了朋友，并且是很要好的朋友。有明禅师很尊重我爸爸，我爸爸也尊重有明禅师。有明禅师还经常送给我爸爸一些手串儿之类的小礼物以及经书。完啦！我暗暗想着，很有可能会走向那种命运安排的，谁也左右不了的我所想象的结果。我查看了些有关佛教的书籍，很快就明白了，佛教并不是我们通常理解的迷信，而是一门相当深奥的哲学。

我仍旧暗暗担心，说句悄悄话，我爸爸也曾烧香拜佛，在他很小的时候，就悄悄跟随我的爷爷以及他的姥姥信奉观音菩萨。那时候的信，他也只是跟着老人们盲目的信，看见老人们磕头，他也跟着跪下磕头。直到我们长大以后，每年的腊月三十上午，他都要从一个很隐蔽的地方，拿出一个红布包，里边包着一尊白瓷观世音菩萨像。这尊菩萨像是他的姥姥留下的，看上去有着几分文质和娇娆，像是驾着云似的。我爸爸用一盆温水，认真地洗一洗，用干净布擦一擦，然后放在我们居住的小东屋里，背靠南、面向北的桌上，然后贴上一张大黄纸，来作为背景。

我们屋里的电灯泡比较亮，他为了增添些某种神秘而吉祥的色彩，就用一块红纸将灯泡严严实实地包裹起来，再放出的光就弱了。临近中午，他摆上几样简单的贡品，规规矩矩地磕头，然后喊我奶奶磕头，也让我和弟弟磕头。那时候，人们还比较贫穷，社会上还有很多盗窃事件不时地发生。我不情愿地磕头,便低声说,这是迷信。他凝视着我,认真而严肃地低声说:"现在偷盗的很多,菩萨可不让偷盗,你说这是迷信吗?"

若干年后,改革开放已经好几年了,我们也大了些;当我爸爸兴奋地将那尊菩萨摆放出来的时候,我又说:"这是迷信。你不好好读书、写小说,信这个干什么啊?"他摆放好后,转过身,低声说:"观音菩萨反对贪污受贿,反对不正之风,提倡……再说,信菩萨,是让好好修自己的心,不修一副好心肠,怎么能写好小说啊?"

自从我爸爸结识了有明禅师,读了一些经书,好像改变了他的人生观、世界观,对生活有了新的认识。即便这样,我爸爸也没有忘记他的小说。之后的岁月里,他写了几篇所谓的"禅意小说",比较有些名气的是1993年发表在《天津文学》第五期上的《莲池老人》,这篇千余字的小说发表后,被《小小说选刊》《新华文摘》以及《中华文学选刊》所转载,并且还获得了全国"黑珍珠"优秀小小说奖,大有成为经典的意思。之前的一些短篇小说,多多少少也有些"禅意"或说贴近"禅意"。比如《喜丧》和《花生》的结尾,他引用了顺治诗里的一句话"来时欢喜去时悲",大有"不如不来亦不去"的意思。不知道他是怎么搞出来的这些平淡、奇妙而又有文化韵味的短篇小说。

他的短篇小说，有着短篇小说"短"的特征，有着从结构到语言都非常精练的明显特点。他这是认真遵从着短篇小说的规范。从他个人角度而言，这似乎也是一种修行，或说修行的结晶。

佛学竟然成了补充他小说内容的一部分。这样的作品，读者非常爱读，他也感到非常欣慰！就连他本人好像也没有想到，自己竟然成了带有几分禅学意味的作家，这在他的日常学习和思考中，在文学方面又明显地进了一步。这是关爱于他的读者所期盼的！很快，我内心的那股无名火或说埋怨便平静下来，并且还默默地为他高兴，替他感到欣慰！同时也感到这是一位很成熟、很有主见的、很有文化的爸爸！

我爸爸似乎也进入了修行境界。他在我们吃饭的时候，忽然说起了有明禅师的出身，说他出身贫穷，很小的时候就在寺院里，空闲时才跟师父学点儿文化。不过他有限的文化底子倒很扎实。有明老和尚的确是好人，是一位大德，这一点毋庸置疑，一般人比不了。然后，又说起了自己的"修行"和感想……不管在什么时候，脚踏实地地工作，脚踏实地地生活。对得起任何人，基本上就接近了"修行"。话又说回来，如果想对得起任何人，何等艰难啊！

记得在我爸爸去世后的那段日子，有人埋怨似的悄悄告诉我，你爸爸那时候也不提拔些人，也不知道维些人。我淡淡地说,那肯定是有什么原因吧。我爸爸始终是以"平常心"冷静看待身边的平常事,不是流行的那种意气做事——谁请喝酒、给局长送礼,他就提拔谁。那是既坑人又害己,就破坏违背了"平常"规律。那么,他的那种"平常心"又是从哪里来的呢?无须再说。

记得那年,腊月二十九的下午,我爸爸去临济寺转了一圈。回到家,坐下来喝茶的时候,笑着说,刚才在寺里,有明老和尚非让我去大殿里看一看他们为佛祖摆好的大供。进了大殿,老和尚慢悠悠地笑着说,贾老师(他管我爸爸也叫老师)啊,你都不该穿这种鞋来寺里。我爸爸明白自己穿的是一双牛皮鞋,便不假思索地指着大殿里柱子下的那面鼓,问,这面鼓是什么做的啊?有明禅师一怔,捂嘴哑然失笑起来。

我爸爸是省政协常委,有明老禅师是省政协委员。往往是先开常委会,再开全体大会。每年开省政协会的时候,有明老禅师总好带着一本经书,搭我爸爸的车,提前到会,也好趁机和我爸爸多聊一聊。

在开常委会的时候,有明老禅师便在房间阅读经书。当遇到不懂得或模糊不清的地方,他便问我爸爸。我爸爸的古文底子非常不错,这也是他称我爸爸为老师的原因。于是我爸爸便为他讲解一番,然后告诉有明老禅师,佛经都是经典,有的还是相当不错的散文、范文。其实,我们不用读那么多佛经书，找到适合自己的就行。佛经里的一两个字、两三个字，我们能真正修好、真正做到就相当不错了。譬如："贪、嗔、痴"这三个字，把内心的贪、嗔、痴修掉，就很不容易了。这三个字也真的够咱们这辈子修了。多读书，固然是好事。古人说，读万卷书，行万里路。感觉古人没有告诉咱们，读万卷书、行万里路干什么，莫非是装模作样地读万卷书吗？这样毫无意义，读不如不读。行万里路，散心、散步似的行万里路吗？这样不如在家歇会儿。眼下的情况是：读万卷书，没有时间。行万里路，没有人报销路费，你想是不是？所以说，你不如多打坐。所以说，"读万卷书，行万里路"这句话，感觉好像古人把我们扔在了半路上一样。

说到这里，我爸爸话锋一转，开玩笑地说："多打坐，你可以坐着一片云，透过你的门缝或窗纱，就飘出去了。"有明老和尚呵呵地笑起来，意犹未尽地说："那样我不就成了菩萨啊？云彩是出去了，可我还在屋里。我可没有那等本事啊！"那时候，有明老禅师老得好像就剩下了两三颗牙，说话的时候，显得透风冒气，不知道老人家是老得开了化，还是笑得很灿烂，总之老人家笑起来，让人觉得很吉祥，环境都显得很瑞气！和这样的人在一起，沾一沾他老人家的瑞气，也是很不错的。

当时，有明禅师笑得很得意，显然他也赞同我爸爸的观点,但他还是笑着埋怨道,你和古人抬什么杠?古人让你怎么做你就怎么做,做就是了。不过我觉得,还是多读些书比较好。就算读不下去,手里拿着本书,心里也踏实。我爸爸告诉他,毛主席在延安的时候,就批评过这种人。说有的人戴着眼镜,胳膊下总是夹着两本书,看上去文质彬彬,可为人处世,一点儿也不像个文人的样子。

毛主席是否真的批评过这样的人,暂且不说。但总觉得他说的有些道理,生活中也真有这种装模作样的人。直到多年后,他得病去世,在外省作家朋友怀念他的文章中,才看见说,当年在讲习所的时候,他经常惟妙惟肖地仿造语录。山西的韩老师在文章中说,那时候,"文化大革命"刚过去不久,大家对语录的印象还特别深。仿语录,没有恶意,仅仅是觉得这种文体有意趣,同时也认识到了他的聪明和机智。

江西的陈老师在一篇文中说,在一次谈创作体会时,他对"意识流"的创作,发表过一次简短的戏言,之后有人根据他的发言这样说:"倘中国有两个聪明人,那第二个是×××,第一个便是贾大山。这话大家都认可。"我想,这也是戏言吧,并且是带有几分褒奖的戏言。

我爸爸不是与有明禅师开玩笑,他知道有明禅师很爱学习,人,也的确是个好人,好到几乎没有可挑剔的程度。后来,也的确沾到了有明老禅师的瑞气,那是我爸爸做手术的头一天,我爸爸的一位朋友非常着急,又伤心又无奈之际,便到临济寺,向有明老禅师讲了我爸爸的情况。第二天上午,几乎是做手术的同时,有明老禅师带领他的弟子们,在寺里大殿中便做起了什么活动、念起了经。

我爸爸做的是开胸手术,属于大手术了。第三天,当我爸爸苏醒过来的时候,他的那位朋友已经站在了病床前,当时我也在。那位朋友弯着腰,微笑着缓缓地问,疼不疼啊?我爸爸的目光,此刻失去了往日的那种犀利,微微睁着眼,嘴唇嚅动了两下,说,不疼。那位朋友感到非常欣慰,弯着腰,亲切地告诉他,手术的前一天去了临济寺,告诉老和尚,你第二天要做手术。大概是你进手术室的前几分钟,老和尚就带领他的弟子们进了大殿,开始为你念起了经,所以咱们才不疼呢!

我惊诧地看着我爸爸的那位朋友,不知道他说的是不是真的(我不是有意在宣传某种"迷信",而是在叙述一种现实的——神奇)。在那段时间里,经常听到其他病房里,经过手术的病号,传出呻吟声,甚至是疼痛难忍的喊叫声。医生叮嘱我们陪床的家属,如果病人醒了,感觉伤口疼痛,赶紧喊医护人员打麻药。而我爸爸始终是那么安详,没有开胸大手术后的疼痛。这一点,我们家人和那时候经常去医院看望他的亲戚、朋友们都可以做证。那些日子,我一直沉陷在那种惊诧的神奇中。当时,不知其因的医生、护士也莫名其妙地感到神奇,那么大的手术,那么长的伤口,缝了二十七八针,竟然说不疼!当这种神奇无法解释的时候,也只能将这种神奇归结到有明老禅师以及他的弟子身上,也只能感谢有明老禅师和临济寺了!

用有明老禅师的话说,我爸爸不但和古人抬杠,还和美国著名小说家欧·亨利抬杠。他手术后的第二年春天,天气还冷的时候,他消瘦的身体靠着被摞,戴着眼镜,拿着一个硬纸板夹子在写字。我开门的声音惊动了他,他翻着眼皮,从眼镜框上边注视着门口。看见我便笑了,笑得很得意。我问他在写什么?他沙哑着嗓子,笑着说:"跟欧·亨利抬杠呢!"他又写了几个字,放下纸板夹子和钢笔,继续说,"从别人的文章中看到,美国著名小说家欧·亨利,曾给小小说做过严格的规定:一、立意清新;二、结构严谨;三、结尾惊奇。立意清新、结构严谨,我是赞同的,不过试问一句,哪种文体,可以立意浑浊、结构松散呢?"之前我在别的书上也看到过欧·亨利的这个规定,怎么我就没有想到抬这个杠啊?听着我爸爸这样说,我不禁笑了,说:"这杠抬得好!那么著名的一个小说家,怎么会犯这样的错误呢?看来,不管是谁,有的话,说倒不如不说。"那样刁钻刻薄而又有道理的话,在我的生活中,好像只有他能说得出。总之,在我读过的书中,还真的没看到过在小说理论方面,有人和欧·亨利抬杠的。

平淡与静虚

我爸爸的小说写得非常精到,这是大家公认的。我每年在报刊上至少能看到三五篇怀念他的文章。怀念他,也就避免不了要提到他的小说。那些评论以及怀念文章加起来,估计应该不比他的小说篇目少,出成书的话,也应该不比他的小说集薄。

这些年来,大家学习他、敬重他,不妨冷静一下,他的小说究竟好在哪里呢?让我说一句切合实际的话。首先,短篇小说应该以"短"和"简洁"为特点——他做到了,有编辑这样公开说,有的作家,作品越改越长,而他的作品,越修改越短。其次,他这样将文章越修改越短的举止,似乎就潜意识地占了他的小说"好"的一半,剩下的一半,还是由读者去想、去说吧。这样比我说出来更有说服力,想出的结果也可以藏在心里吧。我爸爸是一个非常切合实际的老实人。早些年,他喜欢阅读鲁迅、赵树理和孙犁先生的作品,应该说是在这三位前辈的作品扶持下,成就了他的荣誉。我爸爸的小说形成,大概就是从这三位大家的作品中孕育而生的。

就此机会，不妨多说一句话，最近以及早些年，就有一些人提出，说应该为我爸爸建一座"纪念馆"之类的说法。当时我持反对意见，理由是，我爸爸在世的时候，是一个非常低调的人。说他低调，他却将自己的小说努力写得精致到极点，将自己的小说修改到短得不能再短。如此看来，他似乎又是一位努力追求某种"高调"的作家。其实不然，严肃地说，这是一个作家的本分、良知，他这样的行为是一种对得起读者的表现。如果他在世的话，我敢肯定地说，他会将"纪念馆"这种说法拒之千里。如果真的尊重他，可以成立一个自愿参加的"贾大山读书研究会"——阅读他的小说，不定期地召开他的作品专题研讨会。大家在学习过程中，让喜欢文学创作的同仁们，在创作中得到进一步提高；这应该是我爸爸的夙愿，也是文学爱好者的真切希望。我们应该在那种平淡和静虚中寻找自我。同时还可以写些读书心得、评论。这样也算在他的遗愿基础上踏踏实实迈进了一步，也会使一个真正的作家感到欣慰！换句话说，我爸爸充其量就是鲁迅、赵树理、孙犁三位前辈艺术长河里的一条美丽、健康的金鱼而已。不妨再换句话说，对一个作家，多读几遍他的小说，就是对他最大的安慰和尊重。而眼下，有的事明明是读书的行为，却变了性质，堂而皇之地形成了一种毫无用处的招牌。

那年冬天，我在北京开会，会间休息的时候，将我的这些想法告诉了一位知名作家，也是我爸爸的老朋友。他看着我一怔，严肃地说："你这种想法太正确了，这种说法才是你爸爸的思想！看来，你才是最了解你爸爸的人。"

眼下，我爸爸那本《文学作品全集》似乎成了比较抢手的书籍；不过我敢说，抢到手里的人们，没有几个人能够静下心来研究、阅读的，能够草草地看一遍，做到附庸风雅也就算不错了。因为它不是当下流行的武侠小说和言情小说，更不是一沓诱人的钱，而是一本具有民族传统文化特色的短篇小说集。

几年前，评论家雷达先生说我爸爸是孙、赵艺术凝聚最完美的一个，也有鲁迅的某种风格。学习孙、赵两位先生的人很多，成名成家的人也不少。雷达先生这样说，比较切合实际。准确而不客气地说，在"短篇小说"这个行当里，他应该算是一位比较突出、优秀的小说家。作家最期盼的是被读者阅读、关注。

我又不禁想起天津蒋子龙前辈评价我爸爸的话：在文坛上，我爸爸没有出过丑，在生活中也没有出过丑。徐光耀前辈说得对，他没有太高的愿望，很少妄想。他多年来努力追求"静虚"，他在文学界所引起的反响，完全是在一片静虚中扬起的风帆。他也从不想自己的作品能起到什么作用，也从不想能引起什么反响，只想对得起自己的良心！用我爸爸的话说:"只想在这片熟悉的土地上,寻找一点儿天籁之声,自然之趣,愉悦读者,充实自己。"在这样的一种心态下,他度过了自己五十四年的生命。

我爸爸是一个非常切合实际的老实人,同时也教导我在生活中做一个彻头彻尾的老实人。人既然有老实的一面,就会有不老实的一面,要把那种不老实全部隐藏在自己的小说里。而人们却恰恰相反,一个个只嫌自己傻,努力追求精明,努力去沾生活的光、沾朋友的光,甚至去坑害生活、坑害朋友……那些爱好文学的青年们,必须忌讳这一点。精明固然是好事,但要有能说出口的道理;最好赶紧放下那种见不得阳光的精明。傻,也要有能说出口的原因;最好能傻到让身边人放心,甚至傻到让身边人喜爱,这似乎也是一种生存的本领。换句话说,傻,人傻到光明正大的傻;精明,精明到正大光明的精明——邪想压你,它就必须要衡量一下,不然那就是"聊斋"中的"妖"了,指不定被谁"除掉"呢。说到这里,纵观我爸爸的作品里,他的小说里没有尔虞我诈的那种精明人物,也没有"降妖除怪"让人拍手称快的情节。在他的笔下,都是些朴实的农民和市井小人物,用善良的笔调来描写他们在环境中造就的人性和人生观,用乐观的笔调来描写他们的辛酸,用客观的笔调来反映他们的丑陋。这就需要作者一种诚实的精明,这似乎是他作品的特点之一。从文字表面来看，看不到人们所谓的那种对某人和某种环境的"疾恶如仇"，即便某个人物形象有这种影子，人物也是从生活中来的，作者没有能力造就某种环境。

在生活中，有很多时候感觉我爸爸也许在特意指我。他这样说："往往把自己的精明用在身边的生活中，显得非常庸俗，这样连最基本的小说故事、题材都很难发现。就说我写的那篇《莲池老人》，像你这样的青年，在生活中你根本不会发现'杨莲池'这个人。相比之下，你得会说你比杨莲池精明得多，杨莲池是个傻人。当然，这也与生活阅历、创作经验、人生观等有某种关系。不过，前些日子我看你写的那个'小白'，虽然不成功，但是，你的思路是正确的，你竟然能看见生活中最底层的×××。这一点在你身上是很可贵的。"

生活啊，生活！

我爸爸的一番话，证明了之前我的一些想法是正确的。写小说之前，必须得要有一番彻底的、颠覆性的"修炼"（指学习。当然，各有各的学习方法），一番精心的、对自己下手狠一点儿的改造，改造自己的人生观、世界观和对生活的一些认识。不然就会像我贪玩一样，为自己找理由说，等我有时间了，我也读会儿书。时间等我吗？一晃奔六十岁的人了！仔细想以前我为自己所找的某种理由，好像时间都要以"我"的意志为转移，多可笑！事实证明，我们没有能力、也无法与苍天、时间来抗衡。与其这样，不如静下心，悄无声息地自己认真"修炼"一番。与此同时，我们还经常谈论生活中常见的问题，生活中经常听到人们说，这个人精明，那个人傻之类的话。

我们经常从生活讲到文学，又从文学返回到生活。我爸爸好像在为我疏通生活与文学的通道。我感觉，这样猎取、分辨生活也是一件很不错的事，同时也能了解他的人生观。对于我，这也算是写作前所做的无形的准备……很多时候，不是他打电话叫我到他那里去歇会儿，就是他散心、散步似的到我单位来坐会儿。那时候，论公，他是我们局长；论私，他是我爸爸。不管他什么时候到我们单位，也都属于正常。至于见面他说什么，我也有自己简单的分析，与写小说没有关系的话不听，更不用心记。与写小说有关系的话，必须用心来听、来记。我暗暗告诉自己，必须这样。这样也就证明了很多朋友们对他的评价：听他一席话，胜读十年书。十年不十年，我不敢说，我感觉至少胜读五六年书吧。

这是我多年来养成的习惯，这个习惯也曾经被他发现过。直到他手术之后的一段时间，我们还是经常从生活谈到文学，又从文学返回到生活。有时候，我们会讲到有关"迷信"之类的话题，在我爸爸写《梦庄记事·沙地》的时候，还有前边文中出现"瞎子算卦"的那个情节，结尾处："那个瞎子说对了！我今年三十二岁，周两岁，正好三十！我这个'马'，'出夜'了。"这个情节，是我当年无意中讲给他听的，我的真实事件，只是他在文中简化了些。当《沙地》发表之后，我看到这个情节时，不由得一怔，就指着那几行文字递到他手里，他看着我指的地方，我们便会心地笑起来。他说，这个情节是你两年前讲的，用在这里很合适。所以说，我们必须要时刻关注生活中所发生的事和有趣的语言才行！

　　后来，为了某种目的和需求，我结交了些好吃懒做、不喜欢干活儿，但不顽劣、不作恶的朋友，他们的言语和行为非常形象且又乖张、幽默；总之，他们的宗旨，是以懒为得、以歇着为妙，吃点儿喝点儿就是小康标准。比如，我的朋友杜某曾说，十八到九力不全，一过二十免闲（正定方言：'免'在此发 ma 的音。闲：不行的意思。意思是，人过二十五岁，就什么也干不动，不行了）。人过二十五，好比庄稼去了暑。并且还好重复老辈人传下来的、有关懒惰的理由，如：饥了困，饱了闷，不饥不饱没有劲儿。总结出的结果就是"歇着"，所以才说以懒为得、以歇着为妙。

　　凡是年岁到整数"十"的时候，力气还不全，什么也干不了。凡是年岁到"五"的时候，就等于去了暑。当我爸爸听到这样荒谬至极的话时，便笑得含起了泪花，流着口水，然后说，那这辈子还干点儿活儿吗？小小岁数，能有这样的总结，也算娘的可以了！后来，杜某这句话对我产生了一定影响，使我对"吃饱混天黑"有了几分崇尚，但不刻意追求，他的这种话里毕竟有几分不健康。其实，我对真正吃饱混天黑的人反倒有几分憎恨，因为那种人没有灵魂，没有情操。而我只是在为应付某种人或某种事的时候，才说吃饱混天黑，这一点我把握得很好。后来我发现，杜某人也不刻意追求，那他又是说给谁听，想让谁去做呢？原来他是想玩笑性地坑害我。再后来，我也经常和他开类似这样的玩笑，也和别人这样开玩笑、斗嘴。我们从中寻找一点儿乐趣而已。有时候，我爸爸也好这样在斗嘴、逗乐，从中寻找快乐，寻找一种有趣的语言或别的什么。记得在一篇文章里，有人曾经这样说："《人民文学》编辑部把冯骥才、贾大山、张有德和我邀请到北京，安排在一个招待所里写小说。四个人同住一室，我和张有德几近哑巴，冯和贾则整天妙语连珠、妙趣横生（这些杰作的表现冯骥才都用录音机做了记录。前年遇见他，他说仍旧保存着）。"我想他们也是在斗嘴、取乐。

　　冷静后的思考，还是像我爸爸那样，悠闲自在地在家喝茶、抽烟比较好。当我将这个想法告诉他的时候，他的脸色一沉，缓缓地告诉我，那你不如静下心，再次阅读你所说的卡夫卡、霍桑和普鲁斯特，从他们那里重新发现什么。我爸爸这缓缓的语气，一下子将我所说的喝茶、吸烟、做些家务轻而易举地甩到了九霄云外，直接把卡夫卡等人推到了我的面前，我顿时感到了某种尴尬……

记得几年前，我问他是否读过这三位大师的作品时，我爸爸只是略略表现出了与平时不一样的神色，并且说不要效仿他们之类的话。给我的印象和感觉，他是一位只写中国农民、中国传统的作家。而今天他又郑重地说让我必须静下心，再次阅读他们，我瞬间感觉他的确认真研究过那些大师的作品，然后将它们打好包，封存在了他的内心深处；然而，在我爸爸有限的作品里，很难发现三位大师的某种痕迹，或说根本就没有他们的痕迹，没有外国作家的影子。

于是，我又阅读了一遍三位大师的作品，好像没有发现什么新的东西，只是感觉读书似乎也是一种修行。后来在我创作的不经意间，忽然意识到，好像某个大师的灵魂附在了我身上；是真？是假？也许我在自作多情吧。我忽然想起某位伟人说过的一句话："假如生活欺骗了我。"回顾过去，感觉某些东西越是认真对待它，仔细地去发现它，越是得不到自己想要的——

与此同时，我爸爸的身体已经出现了问题。一度的困惑和我爸爸的身体状况，使我的情绪陷入了低谷。在那段时间，我不知道自己该如何是好,读书,好像也读不下去,感觉生活陷入了迷茫。

不过他的精神状况也有好的时候,一天,我包了些饺子,给他拿了去,也正逢他高兴的时候。坐下来,我们说了会儿别的。他说:"我给你讲会儿《红楼梦》吧。"我慢条斯理地看着窗外,说:"不听。"

"要么,我给你讲一讲郭沫若的作品吧。"

"不听。"我说,"曹雪芹和郭沫若的作品,的确不错,不然成不了名著。不过对于我来说,驾驭不了,从他们那里什么也学不会,我听那些干什么啊?那些作品,知道作者想干什么就行了。"

我爸爸轻轻而又认真地点了点头,然后笑起来。当时我不知道他笑什么。他是一个很尊重现实的老实人。我也是这样一个老实人,才直言不讳地承认自己驾驭不了的。笑过之后,他才慢慢地说,像你一样的年轻人,说到某位大作家的书或某一篇文章的时候,总好觍着面孔、装模作样、理直气壮地说读过、知道之类的话,甚至想套你的话、毫无道德地偷学某种知识。其实他没有读过,是在挣面子、显示自己知识渊博——而你不是这样,竟然老老实实地说什么也学不到、驾驭不了之类的话,这样很好。

如果我是一个华而不实、喜欢装模作样的人,我想我爸爸也不会和我费那番口舌的。我们之间存在着那种"不谋而合"的一致。我爸爸知道我比较喜欢一些西方的中短篇小说,便说要给我讲一讲乔伊斯的名著《尤利西斯》。我淡淡一笑,说,我更不听。那本(套,共三本,分上中下)书我读了三年,才看懂了一个结构,那是写三个人十六个小时的联想。之前你说过,中国读者不接受那些……不过我觉得,我不知道自己的感觉对不对,从中国传统小说的角度说,这个乔伊斯,它充其量就是一个文学爱好者,他根本就不会写小说、不会写故事、不会写情节,他以一种虔诚置身于文学,用意识流写生是什么,写死是什么,写得非常冗长,非常难懂,生造语言,发明词汇,写做梦,写人意识的深处。也难怪好多专家都说是天书。并且,这个乔伊斯懂得也很多,在他那部《尤利西斯》里,涉及政治、军事、医学、音乐,还懂音乐中的五线谱,还懂中国历史以及其他国家的历史等,至少他懂十五种以上学问。

我爸爸眯着眼,抽着烟,又默默地点了点头,好像赞同我的说法。他慢悠悠地补充说:"不过从标新立异的角度看,那个乔伊斯的确是一个不折不扣的现代文学大师。我虽然没有看过《尤利西斯》,但我从一些评论里看到过有关它的介绍。看了之后,对某些问题,我不敢说猜个八九不离十,不过我敢说能猜它个七七八八——你不愿听就算了。"

我爸爸这样一位正定土生土长的农民作家,能讲西方的意识流,并且是乔伊斯的这部《尤利西斯》,我觉得有些不可思议,但我又信服他,因为他那犀利的目光里,看不出有半点儿虚假,或说充满着某种自信。与此同时,不知道从哪儿冒出了一种奇怪而又可笑的滑稽感觉,土生土长的农民作家,一副过去老农民的形象,头包白毛巾,土里土气的,站在大庭广众之下,讲西方的著作《尤利西斯》,那些洋学问,也蛮好笑的。

爸爸去世后的一段时间,我觉得自己的内心非常空虚,也第一次感觉到自己很可怜、无助,因为我失去了一个好爸爸!在文学这方面失去了一个好老师!我经常在独自喝茶的时候潸然泪下。那段时间,除了上班,就是忙着开会或参加其他社会活动。说实话,开始我不想参加,但转念一想,与其这样暗暗流泪,不如擦干眼泪,参加一些社会活动,见一见老朋友,结识一些新伙伴,也是一件很不错的事!生活嘛,就是这样……好好读书,安心生活,做好自己该做的事,如果我爸爸在天有灵,他也会感到欣慰的,对他也是另一种形式的怀念吧!

我逐渐从某种情绪中走了出来,又开始了一种健康的精神生活。每当在省内外发表一篇作品的时候,即便没有什么影响,但内心也感觉就像过年一样快乐!

静下心来想，我爸爸的一生是在一种"平淡"中度过的，同时他也崇尚"静虚"。静虚一词大概源于道教，《吕氏春秋》里也曾出现过。后来，《红楼梦》中也曾有过。很多文学大家和科学家都喜欢"静虚"这个境界。我爸爸是在80年代初期，请他小说中的"傅老师"用隶书写下了"静虚"二字，挂在了屋里。长期以来，他是在平淡中寻求静虚，还是在静虚中追求平淡？我也不甚了然……

总之，爸爸是我永久学习的榜样！尤其是他那种生活方式，即便不做文学，静虚、平淡的生活也是很不错的，因为那是一种人生境界。他好像在追求自己所理解的、那种至高无上的——平淡和静虚。

那么，他在平淡和静虚中又做了些什么呢？他是一位只写农民的作家，他与农民有着明显的相似之处，能过上温饱生活就可以了，没有奢望。众所周知，卡夫卡给后来的作家们开辟了创作的源泉。巴尔扎克的手杖柄上刻着：我在粉碎一切障碍。而在卡夫卡的手杖柄上却写着：一切障碍都在粉碎我。而我爸爸好像在悄无声息地遵循着卡夫卡的这句名言，好像在"静虚"中，用他自己的语言说"我在被粉碎中寻找闪光的东西"；所以在他的作品中，读者看不到激烈的斗争和矛盾。

我爸爸对西方的当代和现代文学了解得不算少。我只想说，在"我在被粉碎中寻找闪光的东西"的同时，用中国式的思维方式，多读一读卡夫卡那篇《乡村医生》和著名的《变形记》，也许会发现一切障碍是怎么粉碎我的，或说在被粉碎中，卡夫卡是怎么寻找闪光的东西的。卡夫卡最为可恶的一点，他的三部长篇都没有写完，好像在带领我们去一个陌生的地方，走到半路他却悄无声息地消失不见了，将我们扔在了洋洋几十万字的半路上，让我们艰难劳累地感到好笑而又无奈。而我爸爸的作品不是这样，阅读他的作品，不等读者感到艰难劳累，就结束了。这似乎是他作品的完美特点，但他又不是一个追求"完美主义"者，因为他尊重中国文学，尊重中国式的生活，更尊重身边的每一个人。

在此我想告诉大家，不是我有意想将我爸爸与三位大师联系在一起，而是他曾研究过那些大师的作品，他曾告诉我，多读鲁迅和契诃夫的小说。记得，他当时口头说到过一个书谱，后来，在那个书谱上，又添了几本佛经。

在那一瞬间，我认真瞅着眼前农民形象的爸爸，感觉他与乡下的农民叔叔、伯伯们没有什么两样，可他肚里装的知识，是乡下农民绝对没有的，他怎么懂这么多呢？总之，他所懂的知识，与他的形象很不匹配，尤其是他不刮脸、不修边幅的时候。与此同时，不禁使我想起后来认识的花山文艺出版社的梁东方老师。和东方老师认识，源于我爸爸去世后给他出的第一本小说集。看来东方老师也是个不修边幅的人，几次遇见他，都是很长的胡子，好在他的衣服比我爸爸整洁一些，可看上去和农村大叔也没什么区别。这一点和我爸爸很像，使我暗暗感到了些亲切！可东方老师是在德国留过学的。可见，有知识、有文化的人，不能只看他们的外表。

《取经》的意义

我爸爸长期踏踏实实生活在生活的底层，认真读书，勤奋思考，从生活中猎取题材，从鲁迅先生、孙犁先生、赵树理先生以及众多老作家的作品中获得了宝贵的营养，从酸甜苦辣的生活中取得了真经，写出了读者喜爱的小说。

多少个日日夜夜，他都在扎扎实实、时时刻刻地想着自己的"文化工作"。不然，当年他不会烧衣服、烧被子，也不会一不小心掉进门口的水坑里，弄得浑身是水。与此同时，不得不说他在西慈亭下乡那六七年，那段艰苦而宝贵的岁月，给了他后来创作《梦庄记事》的机会，还有那篇翻译成外文的《中秋节》等。

1975年，我们刚回到城里，我记得爸爸经常骑着自行车，和一名什么部长到农村开会。平时他上班不骑自行车，骑自行车就是要去很远的地方。回来时,他拖着一身的疲惫,坚持吃过晚饭,便靠着被摞,眯着眼静静地缓一缓。然后在那个半圆桌前静静地写些什么。那些日子,他正是在创作短篇小说《取经》。

在漫长的岁月里,我爸爸不断在向生活取经,在生活的小圈子里,努力营造着"静虚"境界,努力回忆着过眼云烟;在他的思绪里过滤着某种生活,还原给读者一个清凉的新世界。在2021年,由人民文学出版社出版的"建党百年百篇文学"短篇经典第二卷中,收录了这篇20世纪70年代创作的短篇小说《取经》。

《取经》,从语言来看,这篇作品留下了一段历史的痕迹和一个时代的烙印,什么"农田基本建设大会""写大字报""大干社会主义"等,尤其是那个名词"四人帮"。故事正是写的那场政治运动刚结束不久的时候。他写出了两个人物,一个是土眉土眼、文没文才、口没口才,又好念死理儿的李庄党支部书记李黑牛。他依靠马列主义、毛泽东思想,依靠群众,在任何情况下都敢于坚持党的群众路线,坚持实事求是,在领导农业生产中排除了"四人帮"的干扰,取得了很大成绩。

另一个人物是嘴快腿快、脑子灵活的王庄党支部书记王清智,他完全以"风"为准,今天刮北风,他是北风派;明天刮西风,他就是西风派。在领导农业生产当中,受到了"四人帮"的干扰,得到了很深的教训。最后,在李黑牛那里取来了"真经":要学参天白杨树,不做墙上毛毛草。更有戏剧性的是,王清智所取的经,正是之前自己做过而扔掉的。

小说中的人物语言应该从实际出发,让读者从人物语言中读出人物性格、人物的身份和社会阶层,或者所处的历史环境。《取经》在用性格化的语言刻画人物方面做得很好。王清智是个"跟风派"的人物,他无论是在评价别人,还是在检讨自己,谈话也都带着"风派"特征。譬如,他刚到开会现场,就对李黑牛进行了这样的评论:"我说人家李黑牛真有两下子!一、开工的时机抓得好,有它特殊的意义。二、开工的声势造得大,有它的典型意义。三、三是什么呀……"这是王清智按照"风派"性格对李黑牛的妄加评论,其实李黑牛的"两下子"他并不了解。

至于王清智脸红的原因,检讨他给小报写稿而发的自责性感慨,更活灵活现地表现了他的性格:"不写,不写王庄的工程就自消自灭啦?不写,不写今天的大会就得到咱王庄去开,不是吹哩!"这是自责,但由于他并没有认识到自己处世哲学的危害,没有认识到李黑牛今天所坚持的,正是自己去年所扔掉的真正原因,因此,话里带着明显的不服气。这是他的性格所决定的。

李黑牛是一位办事看问题从人民利益出发,从实际出发的好干部。这个人物的品质和性格是通过张国河、赵满喜的介绍来展示的。这两个农民用生动形象的语言,将李黑牛坚定的立场和紧紧依靠党、依靠群众的优秀品质以及他憨厚的性格淋漓尽致地展现出来。当一些谬论来袭、人们思绪万端时,支委们的思想也不一致,争到半夜,大家想听一听李黑牛的意见,他把胳膊一伸,大嘴一张,对着房顶打了个哈欠,慢慢悠悠地说:"干有干的根据,散有散的理由。干也罢,散也罢,眼下到了年根儿,社员们谁家不做点儿年菜磨点儿豆腐?闪过年再说吧!"这完全是河北一带农民的口语,形象地刻画出了李黑牛从不妄下结论的务实作风。

还有在年三十夜里,李黑牛找张国河那一段,两个人的对话用了不少农民常用的形象比喻,使两个人物性格形成了鲜明对比。一个善于思考问题,一个头脑比较简单并且还有点儿鲁莽……好多语言既生动又贴切,比讲些大道理所得到的艺术效果要好得多。

关于《中秋节》

这篇小说发表在1980年《河北文学》第一期。后被《中国导报》转载,又被《世界语》译成外文。从这篇《中秋节》

的主题来看，小说主要写了春生解决双锁、腊月工作上的问题以及为严四老汉筹款去做工的故事，反映了新时代的青年干部为集体、为他人着想的工作作风，体现了他们纯洁干净的思想观念。从塑造人物这方面来看，无论是主要人物春生，还是次要人物严四老汉、淑贞、双锁、腊月，都体现出当时中国农民那种纯朴、善良的"纯美"。这篇《中秋节》故事简洁明快，贴近生活。小说采取白描手法，用简洁的人物对话来构思行文，使小说更显得纯净、纯美。

多年后，有人说，文坛上多一些"贾大山"，小说就会多一些纯净。事实是这样吗？总之我爸爸是一个正统的作家，追随他的作者好像也不少。从他的小说写作手法上，到每一篇小说的主题，都是传统的、发生在身边的平常故事。在1980年发表这篇小说的时候，正是改革开放的开始阶段，中国大地上正经历着翻天覆地的变化，他似乎就有做好中国人，讲好中国故事的意识。

当年，冯健男教授说："这篇《中秋节》故事着重写的不是淑贞，而是春生。"他认为应该让孩子吃上月饼，这一笔表现出春生是多情的，他的心怀是开朗善良的。故事发展到最后，写春生半夜因装火车疲惫地回到家，淑贞心疼地叫他吃个月饼，他问孩子吃了没有，她吃了没有。淑贞说吃了，春生这才从篮子里拿了一个吃起来。这一吃不要紧，精彩的故事便呈现在了读者面前：春生吃完的时候，才知道他刚才吃的不是月饼，而是玉米面饼子。更重要、更有力的是，春生晚饭前后连续接待了严四老汉、腊月、二喜嫂子和双锁。写春生在处理一系列问题上公道能干，干净利落而又富于策略性和人情味。这就把农村新人形象在读者面前树立起来了，把这个生产队里的人们为国家而艰苦奋斗、为使自己的生产队富裕起来而尽心尽力的精神表现了出来。所以说，这个故事写得生动活泼而又错落有致，结构严谨而又不落俗套。

关于《小果》

这篇小说大概创作于1979年春天。当时我记得在他小西北屋的褥子底下，放着八九篇抄写得工工整整的《小果》。后来发表于1980年《人民文学》第四期。后被收入《人民文学创刊30年》丛书以及《青年小说佳作选》。时隔不到两年，也就是1981年2月份，上边提出了著名口号"五讲四美"；而他这篇《小果》也正好符合"五讲四美"中的心灵美。这好像是巧合吧。

在那个年代，大部分作家还在写政治、写政策。北京的崔道怡老人激动地跟我爸爸说："幸喜有作家及时反应过来，开始关注了人性、人情。你是其中较早创新的一个，才有了

《小果》。透过'小果',使我看到了孙犁;这篇小说的出世,是文学复归本性的一种表现,也是在你艺术上的进步和成熟。他就像漫山遍野、随手可摘的,小小的、圆圆的、红红的、又甜又红的——小酸枣儿!不难看出,孙犁在你身上有着潜移默化的导师作用。"

《小果》的主题思想,是在写一位真正懂得尊重并忠诚于爱情和友情的姑娘。在爱情和友情之间,她尊重了友情,又忠于了爱情。使读者感觉她就像滹沱河岸边一朵出水芙蓉。小果是一个农村姑娘的名字,也是故事的主要人物。故事里有三个人物,即小果、清明和大槐。大槐和小果相爱过,后来又散了。

作者设计的不是一般的恋爱故事,通过这三个人的相互关系和不同个性的描写,提出了一个这样的问题:什么是"新时代的青年"?什么是"新时代的青年"应有的"新道德"?这是一个严肃的问题,小说通过一个带有点儿稚气而又真诚的青年之口把它风趣地提了出来。再通过小说里的一些对话和情节,可以看出小果的恋爱观是无可非议的,她与大槐相爱转向与清明恋爱是合情合理的,也是无悖于"道德"的。而且,她的情理和道德更表现在:她对大槐情绪的关心和照顾,她把她和清明的结婚推迟到大槐找好对象并结婚以后再办。这就与1981年2月中央提出的"五讲四美"中的"心灵美和行为美"紧密结合起来了。这不是生搬硬套,而是相得益彰。

阅读这篇小说,感觉小果没有入团,略有遗憾;但就思想境界来说,感觉她比那两个青年是要高出一等的。倒是在她的影响和帮助下,大槐和清明认识并克服了自身的毛病。作者这样写,写活了两个男青年,同时也有助于提高小果的形象,顺其自然突出了这篇小说的主题思想。

关于《赵三勤》

这篇小说发表在山西省作家协会主办的《汾水》杂志第九期,并获得同年山西省优秀小说奖。后被《新华月报》(即《新华文摘》的前身)转载,又被收录日本银河书屋出版的《中国农村百景》。

这篇小说的主人公叫赵小乱,绰号叫赵三勤。这个作品写的是他在生产劳动时,从"吸烟勤、喝水勤、拉屎撒尿勤"转变成一个"劳动表现不错"的青年的故事。其中的主要人物有三个,即赵三勤、生产队老队长张仁和副队长赵金贵。老队长张仁是这样一个人:"村里最乱的时候,他把队里所有人都从心里过了一遍。小乱虽然性野,但不作恶,只是别人喊打倒谁,他也跟着瞎喊……年轻人好比小树,只要勤修剪就能长好。根据这样的认识,在小乱身上花了不少心血。"

这一笔写了张仁也写了小乱,并且也点出了他们那个时代和社会活动环境。老队长的心意这样好,但赵小乱却不领情还经常戏弄老汉。如果单凭老汉心意好,赵小乱就立刻变得服服帖帖,那就把天下事看得太简单、太容易了。这篇小说用了不少篇幅写赵三勤戏弄老汉,写得妙趣横生。从中也看出赵小乱的确是个调皮捣蛋却又机灵的家伙,果然"野性"却还谈不上"作恶"。同时也看出,张仁是一个好队长,虽然多次受到赵小乱的戏弄,却并不恼火,仍旧好心好意地做赵小乱的思想工作。副队长赵金贵就不同了,他讨厌赵小乱,想法治赵小乱,经常向老队长诉苦领导不了赵小乱……赵小乱最后变好,是老队长的好心好意和耐心细致工作的结果(还有别人好心好意的帮忙)。像副队长那样的"领导"是制服不了、也改变不了赵小乱的。作品的主旨也就在于此。

当年,冯健男教授谈起这篇《赵三勤》的时候,先是说了很多赞扬的话,继而又说,作品的后半部分写赵小乱的转变和赵金贵的"输了",似乎不如前半部分赵小乱戏弄人和老队长被戏弄写得真切和有趣。尽管如此,也不失为较好的作品。这样听来,冯教授好像还有很多话要说……随着年龄的增长,我总有这样一种感觉,阅读他和一些老前辈的作品,也包括格非、余华等人的作品,才是真正文学创作的广阔天地。

关于《花市》

这篇小说发表于1981年《河北文学》第十一期,后被《小说选刊》转载,又被收录《青年小说佳作选》,并获河北省优秀小说奖。《花市》的主人公蒋小玉是一个朴实无华的农村卖花姑娘,与一位来自农村赶集的陌生老大爷和一位年轻干部之间所发生的故事。农村大爷与蒋小玉讨价还价中浸润着朴实的人情,而那位骄横浮躁的年轻干部虽然知道那盆花原产地在哪儿,但他却在人性方面玷污了花,并且还威胁蒋小玉。面对威胁,蒋小玉机智地化解了危机,表现得淡定和自信,显示了农民向往美好生活的进取精神。

最后,在人们的笑声中,玷污花的人逃遁了。姑娘笑微微地站在花丛中,也像一枝花,一枝挺秀淡雅的兰花吧!这篇小说写出了姑娘花一样美好的心胸,也衬托出民风的淳朴,重要的是,作品的格调也很淡雅、朴素,没有丝毫夸饰和造作之感。

蒋小玉是十一届三中全会以来、改革开放之后,社会主义新人的感人至深的新形象。随着农村经济形势的好转,农民在物质生活上有了明显的好转,往年只有七八个月的口粮,"不足部分就用胡萝卜接济",现在已经成为历史。悄然变富的农民还有新的追求,他们还要在自己少味的生活中增添一点儿色彩,挥洒一点儿花香,用美来打扮自己的生活,这是非常了不起的变化!这是社会主义发展的必然趋势,也是新的经济政策带来的必然结果。

当一位土里土气的老农民围观蒋小玉的花时,她一眼认定这个老农民"不是种花养花的人"。作者写了她的表情变化,细致入微,井然有序:一、是礼节性的应付,让老大爷买最便宜的三叶梅。她知道这个老农不会买贵的。二、当老农盯上那盆花市上独一份、价格昂贵的令箭荷花询问价钱时,她回答:"它贵。"她的言外之意是,你买不起。当老农执意询问价钱时,蒋小玉巧妙地回旋,反问老农的籍贯,老农说是严村的。她竟然和旁观者一同讪笑起来,他们知道那是本地一个出了名的穷村庄。三、她在不得已告诉老农那盆令箭荷花的价钱时,老农嫌贵不舍得买。她便在厌弃中带着嘲笑说:"想便宜买胡萝卜去,十五块钱一大车,一冬天吃不完。你又不买,偏偏想来挨坑,那怨谁呢?"当他们达成交易时,一位手拿扇子的年轻干部在中间作梗,鄙视、戏弄这位老农时,"姑娘没有笑,手拿一块小花手绢,在怀里扇着风,冷冷地注视着年轻干部"。当年轻干部以势压人,要把老农手里的令箭荷花"抢"走时,蒋小玉却不接他的钱,冷冷地盯着他,说了些很客观的言语。年轻干部生气地问你是哪个村的？蒋小玉直面相对："我叫蒋小玉，南关的，我们支书叫蒋大河，还问我们治保主任是谁吗？"一个性格直爽、形象鲜活的女青年便巍然屹立在了读者面前。

大概是前年的深秋季节，一位热爱文学的朋友给我送来一箱赵县产的雪花梨，还送给了我一本1984年版的连环画《花市》。之前的一段时间，上海电影制片厂的一位导演，在欧洲参加一个电影界的活动，在那里遇见了一位研究中国文学的欧洲人。电影厂的朋友没有想到，欧洲人竟然提到了我爸爸的作品，并且还收藏了一本由北京语言大学出版社出版的《高级汉语教程》，北京语言学院外国留学生二系编，本教程"说明"说："……是供来华留学的汉语专业学生和具有同等水平的外国人使用的教材……"最后标注的时间是1989年1月。翻开课本的第一课就是这篇《花市》，第二课是朱自清的《背影》，第三课是老舍的《北京的春节》。下边是李健吾、鲁迅、曹禺先生等人的文章。这本教材我从来没有见过，也从没听说过。上影厂的导演在欧洲将这个消息以及教程的图片发在了我的微信上。不知道贾贤赟从哪里搞来的那本教程，将连环画和教程一同送给了我。我拿在手里，感觉比那箱雪花梨还要沉重！没有想到，这篇四千多字的《花市》竟然有这样的效果和影响。

关于《村戏》

《村戏》在河北省文联主办的《河北文学》上发表之后,被《小说选刊》转载。

《村戏》是写"我们村"的业余剧团,在腊月里排戏的故事。小说通过排戏,反映出两个青年小涓和元合在精神上的高与低,是通过一些非常巧妙的细节来表现安排的。元合的庸俗,是一种新型的庸俗。

小涓和元合是只差两岁的中学同学,都一样的清秀、一样的聪明,都是团员,从小又都热爱文艺活动。这两年(应该是改革开放前后的时候),元合家养蜂、养兔、搞编织,变成了村里的富户。腊月里,正是赶集做买卖的时候,元合没有去排戏,忙着编锅帽儿。小涓去找元合,见了元合和他的娘,打过招呼,便说起了排戏。元合的娘说,天天黑夜熬着自己的眼,浪费着自己的嗓子。小涓告诉她,今年大队很支持,黑夜排戏,每人记两分。白天社员们干活儿的时候,如果需要拍戏也给记工。

元合眼睛一亮,问社员们歇工的时候,我们排戏记工吗?当元合了解到拉板胡的、拉二胡的、跑龙套的都记工时,他又说:"说了半天,咱们还是吃大锅饭呗!"身子往后一仰,又躺下了。小涓问他明天你去不去？元合赶忙笑着说："去。我不去，能开戏吗？"通过简练的对话，反映出元合为了两个工分的刁钻和自私，并且又想显出自己在"业务"上的重要性。

第二天，小涓找元合一起去排戏的时候，元合娘高兴地告诉小涓，元合去不成啦。元合躺在沙发上，脸色发黄，清晨就是一副很疲倦的样子，他看了娘一眼，迟迟疑疑地说，我肚子不好……小涓看见屋里地下放着草和秫秸眉子，显然是编了一夜锅帽儿。她愣了一下，识破了元合在撒谎，转身走了。又听见元合叫她。她站下，等元合的时候，听见他娘小声说："编你的锅帽儿吧。你们从小就唱歌演戏，唱这个放光芒，那个光芒……手里没有票子，屋里能变得亮堂堂的吗？好好编你的锅帽儿，还怕她不找咱吗？"屋里传出了笑声。

小涓忽然明白了，昨天夜里，难怪他问社员们歇工的时候，白天排戏记不记工。他们的账算得真细。小涓生气地朝俱乐部走去。元合没有去，他们重新做了安排，曲牌子响起来，穆桂英要"坐帐"了。

故事告诉我们，有点儿长处，不要摆谱。生活中离了谁，地球也照样转，这是大自然的规律。俱乐部离了元合，穆桂英也照样坐帐。小说里还有一条线索，元合和他的娘觉得手里有钱,还想像钓鱼一样,"钓"小涓为他家儿媳,没有集体观念的元合能成功吗?而小涓暗暗喜欢上了脚踏实地的"双喜"。

关于《喜丧》

小说发表在1987年河北省作家协会主办的《长城》第一期。这篇作品写的是一位老农——牛老乔。但在我爸的笔下,却将这个平平常常老农写得十分丰满,使人觉得好笑且又沉重。牛老乔一生很困顿,却无思无虑、无悲无苦、无往而不乐;最后,他的死竟也成了"喜丧"。牛老乔是一个好得不能再好的平常农民,他这一生经过了"大跃进"、合作化、大包干。在他多年的生活中,始终保持着欢欢喜喜的人生态度;到了历史的新时期,牛老乔忽然间成了"万元户",他大笑着飘然而去,圆满地结束了他"平常人所得不到的幸福"。我们应该注意的是,读过这篇作品之后,心里是否有一种莫名其妙的沉重。仔细想一想,长嘘一口气,内心是否又觉得有些冷峻的轻松。

牛老乔身上有着农民那种不折不扣的品质,他勤劳善良,对生活充满着乐观,充满着朴素的阶级感情,宽厚到不动一点儿心机。在不识字的情况下,他为家里订了十份《河北日报》。肯花钱让女儿们管后娘叫娘，宁坐慢车不坐快车。在社会上，忆苦思甜的时候，牛老乔喊出了这样的口号：不忘阶级苦！牢记血泪仇！

那年，牛老乔当了生产队长，年前人们问，快过年了，队上杀猪吗？"嘿嘿，你们把我杀了吧！"牛老乔处处表现出当时农民那种传统的愚昧和诚实的可笑。也许就是因此才使他大笑着离开了这个世界吧。纵观牛老乔的一生，他的去世，应该是真正意义上的"喜丧"。

著名作家徐老光耀先生就对这篇《喜丧》很感兴趣，专门写过一篇文章，题目叫《幽默贾大山》。

徐老在他的《幽默贾大山》这篇文章中，举了些牛老乔幽默的实例，评价了牛老乔勤劳善良、没有心机、为人厚道……然后，徐老又和所谓的"现代派"的写法进行了比较，他在文中是这样说的："有些自我标榜为'现代派'的作家，往往以挖掘和批判我们民族文化意识中的诸般丑陋自命。他们的努力也许是难能可贵的。然而，这类的许多作品，读来总觉得不曾击中要害，不是隔靴搔痒，便是把略经打扮的'概念'进行搬运，感受不到那应有的深切和惊醒……贾大山在这里提供了另一类型，他运用形象的力量，快快活活把个牛老乔送走了。既然历史已经不需要继续造就这样的好人，新时期农民本应去掉那任事都由别人代'想'的习惯，甩掉那保守、'宽厚'和盲目的'乐观'，文化意识就应该是开放的、进取的，力争获取富于创造、目光远大、自立自尊，与时代同步前进的观念。《喜丧》所达到的这个警悟，不是要比那些貌似'现代派'的作品更要'现代'得多，也深刻得多吗？"

徐老在这篇文章的最后说："我们应该再开一个会，认认真真地讨论一下贾大山，讨论他的作品、他的特色、他的幽默以及他的为人。我想，我们一定能在讨论中学到更多的东西。"

关于《梦庄记事》

《梦庄记事》共二十三篇。这组系列小说并不是一气呵成，是从1987年春天开始写的。当年秋天，在河北作协主办的双月刊杂志《长城》第三期上发表了第一组《花生·老路·干姐》，后被《小说选刊》第八期转载，同时也被《新华文摘》第八期转载。在后来的十年间，我爸爸悠闲自在地想起些什么，就写些什么。在他养病期间的1996年写了《梦庄记事》的最后两篇《杜小香》和《迎春酒会》，发表在了河北省文联主办的《当代人》第三期上。后被《小说选刊》转载，其中《迎春酒会》又被《小小说月报》《作家文摘》转载。

中国工人出版社在2014年9月出版了以《梦庄记事》为主的小说集。10月，由花山文艺出版社出版的《贾大山文学作品全集》收录了它的全文。2021年5月,又由花山文艺出版社出版《梦庄记事·绘图本》和《古城人物·绘图本》两个小册子。

首先说,大家在《梦庄记事》里看到的"我",是作家主体意识和自我意识明显强化了的"我";不再是单纯故事的叙述者,而是与农民共思考、共反省和共生活的人物。这是一个相当突出的变化,也奠定了这组小说的反思基调。这组小说格调深沉,韵味悠长,不露声色,是于平易中见深刻,于素朴中见浓度的作品。它们大多是对往事的追忆,也有写当前现实的,是作者心灵、记忆中的财富。

他为什么要用"梦庄"为总题呢?著名评论家雷达解释说,这表达了作者神与物游,营造一个情感和心灵境界的意图,"梦庄"者,结想为梦,与心徘徊之意,具象的真实与整体性的虚拟的结合,由实入虚与由虚证实的结合。这组小说完成了一个重要的过渡,从理到情的过渡,从政治化到人情、人性的过渡,从行动性到心理性的过渡,从写问题到写人情的过渡,从写怎么管理农民到研究农民心态本身的过渡,从政治生活化到生活心灵化的过渡。小说创作,归根结底,是要表现人与人的心理结构上的变化。

《梦庄记事》深化到复杂的人性结构,写出了人性的对抗、搏斗和不可解的矛盾。

梦庄情结

壬寅夏

现辉

《花生》是《梦庄记事》系列的首篇，曾深得文学界的好评，人们大多是从它对极左路线批判和控诉的深刻性着眼的，震撼于因一粒花生而死的小姑娘，震撼于生命的尊严不如一粒花生。大家还是多注意那个把自家小闺女扛在肩上的生产队长吧，这个人一听到有人要动用花生，就"倒吸一口凉气，牙疼似的"。为了保证向国家上缴的花生，他除了反复申明"吃油不吃果，吃果不吃油"的规定外，还想出绝招来遏制人们在地里偷吃花生。他最心爱的小姑娘偷吃了花生，他为了严于律己，猛击孩子一掌，一粒花生卡在喉咙，死了。这是个僵化到丧失起码人情味的队长吗？这是个冷酷至极的父亲吗？不是，作者处处写了他的宽厚、善良。作者写出了一种极其复杂的人性，一种精神悲剧，体现了我们民族性的精神创痕，或说民族性中新增的创伤。

　　当一个早逝的、不许"转生"的小生命脸上被涂上了一层黑锅底灰，被埋葬在村北的沙岗上之后，她的父亲"队长"就像疯了一样，"不定什么时候就发出惊心裂胆的狂吼"。仅此一句就足见灵魂深处的创伤程度了。这是由责任、队长的身份和亲情、小闺女家长的冲突造成的精神裂变和精神创伤，在这场冲突中，队长经受着双重磨难。

　　《老路》也同样让人震撼。老路这个人对人和牛的截然相反的态度几乎不可理喻。对"敌人"他以大头皮鞋相向，据说"可以直接打击阶级敌人,光是那咯噔咯噔的响声,就能起到震慑作用"。对垂死的老牛,却无限深情,用电处死,并且不忍心吃。对于这个严重扭曲的灵魂来说,只有面对牛,他的人性才得以片刻复活,被异化的心才暂时回到正常。他大骂别人:"你他×的还有点儿人性没有!"这其实是绝妙的自嘲和讽刺。

这篇小说的批判价值则更多的是从主人公的人性结构中得到印证的。"文革"清理阶级队伍,老路为了"震慑"阶级敌人,专门买了一双大头皮鞋,每次开批斗会,他总是把"阶级敌人"踢翻,再踏上一脚。然而,令人不解的是他对那头牛的仁爱却一往情深。人性的美与劣就是这样矛盾地呈现在老路身上。这是一个被那个特殊时期严重扭曲了的灵魂,也是极左政治路线的产物。

《干姐》中的干姐,是一个无缘受到文明教育,却又羡慕和尊重文化人的农村女人。她泼辣、粗野,却反对"我"变得粗俗。由于"我"会拉胡琴,她把自己的向往寄托、转移到"我"的身上,并让"我"认她为"干姐",这样她感觉自身也有了某种价值,并以"我"的亲属而自豪。有一次,干姐因为"我"像她一样放肆地谈论男女之间的隐私而生气了,从此疏远了"我"。直到我谋到了文化馆合同工的工作,要离开梦庄时,她忽然来送行。最后那一段的描写,令人荡气回肠。

著名老作家林斤澜老先生对《梦庄记事》中的"三声"很感兴趣。那年的正月初三，林老在北京收到《长城》编辑部寄去的杂志，便写了一篇《初三读三声》的评论，发表在了当年《长城》第三期。那时，在文学界能得到孙犁先生、汪曾祺先生和林斤澜先生的评价实属荣幸！记得当时我爸兴奋不已，脸上乐开了花，连续读了好几遍林斤澜老先生的那篇评论文章。

林老那篇文章的开头是这样写的："马年正月初三，大雪暂停，寒流稍缓。收到《长城》改版双月刊第一期，一看目录，果然有些新面貌，例如作家专辑的栏目，这一期是贾大山集，有他的新作《钟声》《梆声》《枪声》（短篇小说三题），有铁凝写的《山不在高——贾大山印象》，又有雷达的评论《乡土写实的新境界》；再附上贾大山自撰的简历、编者编的贾大山作品目录。"

林斤澜老人这字里行间透着一种大气，有着著名教授的气派！我爸爸和林老联系不多，可林老一直关注着他。文章说："……后来不知道为什么看不见（他的作品）了，问过人，人说他不写了，有说他对文艺对生活有他独特的思考。究竟怎么样独特法，人也说不清……这回一见他的'集'，立刻开读：平易、温和、简短，好像全无磕绊地读完了。觉得有回味，就接着读铁凝的'印象记'，她写得朴素又细致，题目也好:《山不在高》。从她的文章里,又知道了大山的一些事体。再后边是雷达的论文,长达十页,从'山药蛋'说到'白洋淀',又从《取经》说到《梦庄记事》,纵横千里……"

林老也是跨世纪老人,他生于1923年,逝于2009年。他写这篇《初三读三声》的时候是1990年,正是我闺女出生前夕。在我爸眼里,林老这篇文章的出现,就像我家多了口人一样重要。阅读林老这篇文章,纯属一种享受,享受林老才思敏捷,享受林老与众不同的思维且又大气的行文。在林老这篇不算长的评论里,提到了我爸那篇《我的简历》。他认为精彩的两句话:"我不想用文学图解政策,也不想用文学图解弗洛伊德或别的什么。我只想在我熟悉的土地上,寻找一点儿天籁之声、自然之趣,来娱悦读者,充实自己。"

林老在文章中说:"看来他是费了劲的。甩掉第一个'图解',还要摆脱第二个'图解'。这第二个'图解'也不是随便说得出来的。不过还会不会有第三个'图解'?'图解'不'图解',是文学的微妙处。请看敲定的名著,也'在所难免'。再说会不会'图解''和平'这样的'声'这样的'趣'呢,也只好在微妙之处分别。"

"不是冤家不聚头,'图解'是文学的冤家……"下边林老用着几分含蓄,简言着自己的某种观点。话锋一转,瞅准时机,从那篇《简历》中,忽然跳到了小说"三声"上来,林老这样问:"大山大山,论写法,《枪声》无处不妥当。若论为什么写它?是'娱悦读者'吗?能'充实自己'吗?"在这篇不长的评论里,顺其自然地提出如此机敏的问题,看来林老读书是非常认真的,让后人佩服不已!

博学多才的林斤澜老人,用很原始的一种字体为我爸爸写了一幅字,那张纸上的字虽然很清晰,但很难辨认,林老是这样写的:"什么大山什么什么"。我想,林老的这幅字,大概是夸我爸爸的小说,也许是在夸我爸爸的人品,这幅字究竟是什么意思,当时我爸爸好像也不太重视,他只重视林老那篇评论。今天说,等把那几个字认全了,再说什么意思吧!

关于《"容膝"》

这篇小说是"古城茶话"三题其中之一篇。发表于1992年《河北文学》第六期。这篇小说被《小说月报》《新华文摘》转载,并被收录《1992年全国优秀短篇小说佳作集》。

故事写的是改革开放刚刚开始那几年的事。大家记得,在20世纪90年代初期,一些有头脑的人们开始注意房地产生意了。人们开始注意自己的房产情况,房产多、面积大似乎是自己的一种荣耀,似乎是在社会上、在朋友圈里立足之本;那些有多处房产的人们,平时说起话来、看人的眼神似乎都暗藏着某种玄机，与此同时也流露出自己的某种强大，它不但给自己带来经济上的炫耀，还带来了精神上的快慰。

在这样的环境里，我的父亲创作了短篇小说《"容膝"》，带引号的题目，表明不是出自于他的口。文章告诉我们，"容膝"来自于东晋末至南朝宋初期伟大诗人、辞赋家陶渊明的《归去来兮辞》中的"审容膝之易安"，意思是说陶渊明回到老家，不嫌房子小，能容下膝盖就可以了。后来，南宋大哲学家朱熹得罪了一位韩氏大官，被贬了职，他到"大觉寺"拜佛，晚上借宿在这里。住持僧看他青衣小帽，穷困潦倒，便把他安排在了一间最小的屋里。当时的朱熹心里很不是滋味，便在墙上写下了"容膝"二字，意思是，能容下"膝盖"就行。他去世后，皇上念他的功德，追封他为信国公，并下令天下收集他的墨迹，"容膝"两个字便就成了国宝——这是一段真的历史，我的父亲似乎在这块土地上追随着陶渊明、朱熹的思想创作了这个短篇小说。

这篇小说，写的是县城文化小商铺"四宝斋"门里门外的故事。故事表达的是"审容膝之易安"的思想，劝诫人们"贪心不可有，怨心不可有"，又要"有所求"。这类作品常被人们指为"保守""中庸"，但它所透视出来的人生情趣，对于急功近利、唯利是图、见利忘义的世间风俗，是一种有力的批判和纠正。

河北著名评论家王力平读过《"容膝"》后,在《河北日报》上这样说:禅心即平常心,面对红尘万丈的世界,纵欲主义不是禅,禁欲主义也不是禅。在他笔下有一个在古城街头卖绿萝卜的老甘,爱其所当爱,求其所当求,可以视为贾大山自己从生活中悟出的禅意,与达摩禅师的禅法相似或不相似,并不特别重要。

关于《莲池老人》

发表于1993年《天津文学》第五期。后被《小小说选刊》《新华文摘》《中华文学选刊》转载,并获全国"黑珍珠"优秀小小说奖。那年,我在北京遇见一位非常著名的新派作家,现在也五十多将近六十岁了。在我们一起聊天时,他振振有词而又文质彬彬地说,贾老先生那本《全集》我认真读了一遍,篇篇都不错!读完之后,我闭着眼想啊想!有相当一部分篇目,搁在我手里,都能写成中篇小说。可惜啊,在贾老手里糟蹋了!我听到这样的言论,不禁一怔,便哑然失笑。阅读小说就是这样,一篇文章,百人读后有百感,既然"想啊想",想了就好。

那位新派作家又这样说,读到后来的篇目,尤其是那位"莲池老人",短篇小说写成那样也算是成精了!接着,新派作家向两位教授介绍我爸的小说，那两位教授一个应该是历史系的，另一个应该是哲学系的，他们和新派作家应该是说得来的朋友。

新派作家说，那篇《莲池老人》开始就具有机智幽默的特色（同时他对幽默的概念论述了很多），有启智的功能，也有给人生活哲理的启悟。杨莲池不因报酬少而玩忽职守，也不因年岁大而失去童心，生活充实像一座雕像，语言蕴藉像一首古诗，举止幽默又像一位哲人。让人百读不厌。在当时那个环境里，杨莲池低微的报酬和物质，似乎是个傻人。面对人生，杨莲池又是个看得很开的智者。这篇小说最大的缺点，就是写得太短。要在我手里，这就是一部两三万字的中篇小说了。

似乎算不清账

多年来，我爸爸始终坚守着民族传统风格，从不羡慕和追求所谓的新派，但也从不排斥，并且还经常阅读一些新派作品，对那些作品还进行着口头上的赞扬。新派作品与自己的传统风格存在明显的区别，他说不能相提并论，也不做任何比较。新派就是新派，就应该站在新派的角度来阅读。

那时候，我已经在图书馆工作几年了，因为我整天和图书、读者打交道，我告诉他作家没有出问题，是社会和读者出了问题。目前，言情小说和武侠小说以及那些侦探小说，占据着社会和大部分人的业余生活。过去一些喜欢阅读、写作的人，许多都在挖空心思地想怎么来挣钱。

时间不长，我爸爸好像有了什么新的发现，他得意地说，传统的没人看了，新派小说的也显得有些青黄不接。我还得写！他好像有着几分谁笑到最后，谁就是胜利者似的。后来，我爸爸便进入了某种不快不慢的状态；时间不长，他便在《长城》杂志上向读者推出了《梦庄记事》短篇系列小说。

忽然间，我似乎明白了我爸爸为什么要写比较遥远的"梦庄"时代。我爸爸的数学不太好，他就巧妙地避开了一些自己算不清的账，干脆巧妙地写起了过去。他不写轰轰烈烈的改革场面，也不写老百姓怎么挣钱的故事，只写改革中人们的心态。这样能让读者在某种程度上有个清醒的比较……他的《梦庄记事》里有怀念，也有批判。从他的作品里，可以看出，他绝不留恋那个时代。

时隔不长，我爸爸便轻松自如地写出了几篇象征性的小小说，如《夏收劳动》《游戏》《临济寺见闻》等。原来，我爸爸内心装着一个属于他的世界，在那个世界里，没有轰轰烈烈的改革场面，没有可以听见打算盘声的记账场景。当年铁凝老师这样评价说："他的小说，有乐观的辛酸，优美的丑陋,诡谲的幽默,冥顽不化的思路和困苦中的温馨。"他将自己手中的笔,一下子就插入到人性这方面。

当年,铁凝老师好像比较欣赏那个卖鞋掌柜说的一句话:"人也有字号,不能倒了字号。"读者朋友们!如果再想步入他的世界,有时间还是静下心来再读一读他的小说,也许你能够从中寻找到点儿什么,或许有你内心所需要的东西。因为他所写的,都是从生活中或说从记忆中提取来的,它可以唤醒我们,也能够给予我们小小的安慰,也能使我们得到小小的快乐!

阅读

我爸爸不但经常默默地阅读自己,也经常默默地阅读他过去所经历的生活,默默地阅读他的朋友!这是对他们的一种想念或怀念,更重要的是能够发现他们身上一些闪光的东西。他站在朋友中间,他的那种随和、平缓,能够明显地显现出来。在别人看来,单从形象的角度,好像就高人一等。再一说话,他的那种声调,与众不同的见解和充满辩证、哲理的言语,就把人吸引住了。如果坐一屋子人,会鸦雀无声,只能听见他一个人说话的声音。

我多年来受的是不与任何人争斗的教育。这也是生活低调的一种。后来我就很少参加毫无意义的聚会、饭局了，不过对于他们的邀请，我从言语到内心都要表示感谢。这样平常的言谈举止，是我步入青年时候，我爸爸教我的。也许有人会问，莫非你连最基本的礼貌都不懂吗？我的回答是：懂。就像你一样，经常忽略一些生活小节。

就像我爸爸的小说一样，他的小说里没有什么有关社会的重大情节，他的小说都是一些平常的生活小节组成的。记得那年冬天，一位基层领导找到家里，在闲聊中说，自己不想管单位的一些鸡毛蒜皮的小事，想让我爸爸托付给他一些大事。我爸爸不屑地笑着说："咱们身边就没有大事发生。去年电影院着火，那事大，你管得了？还有，国务院里净大事，轮得着你管？你就本本分分挣你的八十三块五，老老实实管好你八十三块五的事得啦。"

现在看来，绝大部分人将自己的一切看得太重要，就连一个对方不舒服的眼神，都要得罪他。就算不写作，自己在家老老实实喝几杯茶，冷静阅读自己、发现自己的缺点，悄无声息地改掉；至少不跟家人黑了鼻子白了眼地吵闹，对家庭有益。不禁想起那句：

有空多拾粪，没事少赶集。

第三章 "闲云"

他欺骗了我

在他生活的世界里,他自己撑起了一面漂亮、精致的风帆!同时还认真努力地学习着佛教知识,用这种善的学问填补在自己的文学创作里。我爸爸学习佛教似乎很快,在20世纪80年代中后期的日子里,他"修"到了让平常人无法想象,或说无法企及的境界。记得一天中午,我们在院里树荫下吃饭,他忽然笑嘻嘻地说,俺琢磨了一篇"遗嘱"。当时,我以为他琢磨了一篇小说,题目叫"遗嘱"呢。

说着,他便一字一句、有板有眼地念起来,他念出的是半文言,但也能听得懂。开始我瞪着眼,认真听着,我平时非常关注他所谓的文学意义。他越念越不像话了,直到我心里产生了某种酸酸的感觉,泪在眼眶里打转儿,好在没有掉下。我忍不住生气地打断他的话,那也是我有生以来第一次和他真生气！他不生气，笑着说，这是每个人生活的归宿，有什么可忌讳的？多么伟大的人物，也都要走这条路嘛。与此同时，我妈妈也和他嚷起来。他仍旧笑着说，等我涅槃的时候，你们不要难过，要像过年一样高高兴兴。我会坐在半空的那片云彩上，看着你们……

我们为什么和他这样生气呢？在民间，家家都忌讳、人人都忌讳，因为这"遗嘱"与生死息息相关。平平安安地过着太平日子，忽然平白无故地提这种"白事"，而且他的言语又非常真实，所表达的内容里透着十足的悲悯……让我们内心不由得升起一种悲悲戚戚！平平安安、欢欢喜喜地生活着，谁又愿意让突如其来的悲哀情绪堵在心上呢？更何况这是自己的爸爸，一个如此优秀的爸爸！

我们真的生气了。他仍旧非常洒脱、振振有词地说着。最后，他竟然说修行，就是要把自己修到"空"的境界，只有涅槃才是人生真正的圆满。在自己没有圆满之前，咱们还得要遵纪守法地生活，脚踏实地地工作。即便是玩，也要认认真真地来玩。他这样说，我心里那种酸酸的感觉才慢慢减了些。总之，我们家人对他这种言语非常反感。那段日子，我经常悄悄地看他，他仍旧像以前一样，喝着茶、抽着烟，认真地思考自己的事。

当时，他所念的"遗嘱"，应该是对佛教文化有了新的认识和进一步的见解,是在展现自己的语言和文采吧。换句话说,也许他是在念着玩,玩得似乎有些过分。那时候,家里经常去一些他的朋友们,很快,朋友们也知道他立"遗嘱"了。在佩服他的语言和文采的同时,一个个被惊得瞠目结舌,显出对"死亡"的忌讳和恐惧。他们心服口服地低声劝他,以后不要再念这些了,太可怕啦!听了他的"遗嘱",好多人都潜意识地流露出一种恐惧,不禁联想到什么贪生怕死、苟且偷生之类的词语。同时,我也可以真切地看到一些人在惶恐中流露出的某种人性。

过后,我爸爸玩笑着说:"那些害怕的人们,都是有钱的人。"我说:"没钱的人,也感到害怕。"一天晚上,我在单位值班,我们单位的领导来到我屋里,怀着心事的样子,忐忑不安地说起了中午在俺家喝酒时,我爸爸念的"遗嘱",让人听了感到真正的心慌、气短、辛酸、难过!可以这样说,他的那个"遗嘱",首先是展现了他的思想性和对佛教的认识以及对生活的理解。同时,也展现了他的语言艺术魅力以及他的文学性。后来,我们领导眯着眼,目光里充满了迷茫,缓缓地对眼下的一些不良现象发起了感慨……

某一天,南方的几位作家朋友到河北来看望他,他也从容地、毫不忌讳地为人家念"遗嘱",念得几位朋友瞠目结舌地看着他,对他这样的行为大惑不解,都低声劝他,以后不要再念这个了,太不吉利。后来,那几位作家朋友中的一个,打电话给河北的肖杰老师,说起了"遗嘱"这件事。肖杰老师打电话给我爸,当时肖杰老师多了个心眼儿,先是在电话里客气地问我爸爸最近的身体状况;得之我爸身体没事之后,忽然转了话题,很不客气地说,以后不要再念你的什么破遗嘱了啊。活得好好的,你念那个干什么呀?惊得湖南的某某打电话给我,让我劝你……

过了那年的冬季,我爸爸在1987年《长城》第一期上发表了他的短篇小说《喜丧》。他念自己的"遗嘱"时,大概正是他构思《喜丧》阶段,由于文中的"牛老乔"才引发了他那篇口头"文章"——遗嘱吧。我不知道那几位南方的作家朋友,看到那篇《喜丧》没有;反正人家先领略到了由"牛老乔"而引发的、有几分骇人的"遗嘱"。可见我爸爸相信佛教、热爱文学的同时,也是一位彻头彻尾的"唯物主义者","唯物"到竟敢明目张胆地为自己立"遗嘱"。不妨说两句有些遗憾的后话,他当时的那篇玩世不恭的玩笑"遗嘱",如果站在纯文学的角度,应该将他所念的内容记录下来。今天也算是一篇相当不错的散文,甚至是一篇经典的、帮人解脱的散文。

他搬到我单位附近楼上的那年冬天,他还毫不忌讳地让我们地方上一位很有名气的书法家,也是他小学时代的体育

老师、小说中的傅老师,用隶书写下了以"闲云居士"自修的箴言,挂在了他的书房里。箴言如下:

> 观天地,念非常。观世界,念非常。观灵觉,即菩提。勤修戒、定、慧,熄灭贪、嗔、痴。乘法身船,向涅槃岸。
>
> 闲云居士自修箴言

在平静的生活中,他仿佛想登上那条"法身船",驶向那个"涅槃岸"。我爸爸倒是基本做到了勤修的三戒,也熄灭了那个"嗔",还没有熄灭那个"贪"和"痴"。多年来,他一直"贪恋""痴迷"着自己短篇小说的精益求精;这一点他好像对自己一点儿也不放松。也有人说,这前后六个字,分别有着某种相连的递进关系,一环扣一环。

中国文化就是这样,无论相连还是拆开理解,都有道理,我们关键是看最后的结果。这个结果对于我们来说是至关重要的,不能像写小说结尾那么含蓄。因为一个是理论的,一个是现实生活,我爸爸是要在现实生活中要求自己那么做的。

爸爸的短篇小说《电表》和几篇小短文都是在病床上写的,还没有来得及修改,他的病情便加重了。这些便成了他的遗作,发表在《当代人》上;除《电表》之外,几篇短文均被《小说选刊》和《小说月报》转载。同时,他也终于实现了自己那种灰色的愿望——登上那条"法身船",驶向了那个"涅槃岸",与人生的真谛早早接上了轨。

随着那篇口头"遗嘱"在悄悄召唤他,在1997年的春节期间,我们家人和他的朋友们,悲痛而又有无奈地接受了那个2月的悲哀!他也终于修得了一个圆满。其实,在我爸爸病重期间,他也希望自己的病能够尽快有所好转。在弥留之际,他很留恋自己经常说的这个"阎浮提"世界!……只看见了蓝天上的白云,却没有看见我爸爸在白云上坐着。他欺骗了我。

闲云

据我观察,我爸爸并不像他所谓的那片闲云,他独自在家坐着抽烟、喝茶的时候,看似很悠闲、清净,其实他的脑和心是在不断地思考工作,或是在考虑他的小说。那种悠闲只不过是一种眼看得见的形式罢了。在他考虑小说的时候,有着一个明显特征,面孔、目光显得非常冷峻、严肃。有时,他眯着眼,那目光显得非常悠远、深沉;有时,那目光显得非常犀利、专注。就是有朋友来家的时候,他也是时刻注意着他们的语言和所表达的思想。总之,他对身边的生活细节，是绝对不会轻易放过的。内心如此复杂，这能说是闲云吗？

这显现着他更高一层、更深一层地用小说形式热爱着人世间、热爱着自己的生活、热爱着中国传统文化！在他看来，这也是一种"修行"，他这样的修行，是在努力修到一个心理健康，永远对得起工作、朋友和广大读者的一种朴素的形式。加上他的学识和几分智慧，在这个浮躁的环境里，便脱颖而出了一个闲云。闲云只不过是他的某种精神向往罢了。

一天午饭时，在我家院里那个小树荫下，他又和"如来佛祖、观世音菩萨"发生了矛盾。他说："哪儿都不平等。佛教里也不平等。如来佛祖、观世音菩萨讲经说法的时候，为什么要站在一个高高的、很显眼的地方讲，他们为什么不坐在门后边给大家讲经说法呀？莫非坐在门后边讲，别人听不见啊？还得让大家看着他们讲，目的就是引起大家对他们的注意。看来他们也有某种虚荣心。"

我便和他开玩笑说："爸，你这种话，要让如来佛、观世音听见，没准儿得揍你。"我爸爸笑得没了眼睛，露着被烟熏得很黑的牙，嘻嘻地笑着说："他们是真正的修行人，顶多瞪我两眼罢了。换句话说，挨他们一顿揍，那也是一种荣幸！"他虽然这样说，但内心对如来佛祖、观世音菩萨和佛教还是充满着敬意！同时，我也有点儿想不通，他到底想到了什么，竟然把"不平等"与如来佛、观世音连在了一起。他的内心有条不紊地想着很多,有这样的思维,他能说是闲云嘛!

那年,著名京剧表演艺术家方荣翔先生到正定来演出,我爸爸请方先生吃饭的时候,告诉方先生,《秦香莲·杀庙》那场戏之后,都是错误的。错在哪里,该怎么处理?方先生认真地听着,跟着他的话一边分析,然后瞠目结舌地说:"就是,这怎么办啊?"方先生埋怨前辈们,怎么就错误地唱了两百年啊?怎么就没觉出唱错了呢?方先生也是一位非常认真的艺术家,他严肃地说:"你是名作家,我是名演员,你重写,我重唱——怎么样?我爸爸摇头笑着说,不怎么样。错就错着、继续错着唱吧。这是戏,不影响吃喝。人们只认传统的,不认新的。"

后来,方先生特意来过两封信,仍旧要求我爸爸重新写《杀庙》之后的戏,我爸爸没有写。由此可见,我爸爸在研究历史,研究生活和文化,同时他也尊重历史和文化,尊重读者和世间法。闲云并不悠闲。我爸爸如果是一位好事者,早就悄悄将《杀庙》之后的戏完成了;遇见像方先生这样的著名表演艺术家,经过耐心讲解,方先生一撺掇,就会马上把剧本拿出。那样,他就不是"闲云"了,闲云也就真的不闲了。在文学界乃至戏曲界,甚至在全国喜爱戏剧的人群里,他就会真的成为好事者了。

当然，他思维的那种勤奋还是值得我们学习的。至少说，是非常值得我学习的。不过，前提是得要有像他那样的聪明。这样说不免使人有点儿望尘莫及。那么，他的聪明到底是怎么磨炼出来的呢？有的书上说，人都有二三分的聪明，其他的七八分是靠勤奋。我扪心自问，在那七八分中，我勤奋了多少呢？与其为自己找什么理由来遮掩自己的不勤奋，不如赶紧静下心来读些书，也算在那七八分中清醒了些、进步了些。环境好像和以前不同了，现在恐怕谁都闲不起，也不肯闲着。只有与自己做一番针锋相对的、彻底颠覆性的斗争，似乎才能明白自己在这个环境里能做些什么。当然，这样的说法，只针对我自己。

夜游

一年中，我爸爸好像也有几天闲的时候，那就是年前年后的几天里。因为我爸爸非常喜欢过年！年前，忙着做年菜，带着我弟弟忙着赶集买炮。闲下来，喝着茶、抽着烟，忙着养精蓄锐，琢磨哪个门上贴什么内容的春联。即便是不小心感冒了，到了年根儿下那几天，兴奋也会促使着他感冒好起来。不知道他对过年有着多大的瘾！即便年前做家务很累，也是那么愉快、兴奋。好像是遗传,我也莫名其妙地非常喜欢过年,每当进了腊月,内心就会产生莫名其妙的兴奋,大概是喜欢那种气氛!

在年三十晚上,将近九点钟的时候,密集、热闹的鞭炮声过后,稀疏零星的炮声东一声、西一声地还在继续。寒冷的空中弥漫着浓浓火药香,地上到处弥漫着安静和吉祥!我爸让弟弟拿上手电筒,我提上一小兜二踢脚(因为我已步入少年,敢放这种震耳的二踢脚了),我们要去夜游。

何谓夜游?就是在年三十晚上,冒着寒冷和年前的劳累,散步似的出来转一大圈儿。在正定城的年三十夜里,我们应该算是唯一一家"夜游"的。这样的夜游,看似很无聊,可在我爸爸心里,又看似非常重要。

那时候的正定城里,只有几条主要大街有路灯,其他街道一片黑灯瞎火,在那片黑灯瞎火里似乎能感觉到到处都干干净净,似乎都能看到新年的那种新!在那片黑灯瞎火、寂静的新气象里,只有个别人家的街门口两边或大队(村委会)门前,挂着一串灯笼,灯笼里有度数不高的灯泡,发出鲜艳而又昏暗的光。我们走在寂静而又寒冷的街道上,远远看去,那种光被浓浓的新年气氛包裹着,有一种令人向往的瑞气,又不乏"聊斋"里所描写的某种气象……

我家住在西南街北头,与一条主要街道相差百米左右,那边的路灯能隐隐照到这边……在街门口放个二踢脚，随着闷声闷气的一声巨响，一溜子青烟直冲夜空。仰望着那溜子青烟，在寂静的夜空炸开一个大火团，像天女散花。这一声，听上去犹如一声闷雷，非常霸气。在一片漆黑、寂静的寒冷中，我们朝南边不远处破败的城隍庙走去。这座城隍庙建于明洪武三年。虽然只留着半堵参差不齐的墙，但人们仍旧说它是城隍庙。每逢阴历五月十七，到这里来的朝拜者人山人海，觉得拜一拜那几层发黑的破砖，也能沾些吉祥。

不知从哪个方向又传来二踢脚响声或一阵清脆的小鞭炮声，在寂静的夜空传得很远，好像和年前做家务劳累而早早入睡的人们开玩笑，又为新年增添几分气氛。我爸在准备过年而劳累的时候，便坐下来，喝着茶，慢悠悠地抽着烟，从他兴奋而又劳累的面孔里，可以看出他有多么喜欢过年了！也不难看出他尤为喜欢年三十晚上的夜游。

我曾问他，从什么时候开始夜游的？他抽着烟，边想边说，没有下放之前吧。那时候吃不饱，高兴了就转一圈，不高兴就不去了。没有下放之前？也就是1964年之前……在那个艰苦岁月里，他在年三十晚上出去转这么一大圈，究竟干什么？我原以为是我们大点儿之后他才开始夜游的，原来从那个年代就开始了。我们为什么不在家喝会儿茶、看会儿电视，还要出去夜游呢？

那个时刻，他莫非是出去在某个僻静的地方进行某种现象的反思？大概有十多年，我刚记事的时候，他创作了经过"艺术净化"了的大型河北梆子剧本《向阳花开》，这个剧本的主题虽然是反映"农业学大寨"时候的某种矛盾。这样来推理的话，就证明了我的判断是正确的，年三十晚上夜游，绝非出去随便转一圈那么简单，而是在那样的寒冷的年三十晚上，这个特殊时刻能遇见一些"巧合"或更神秘的一些事。这样说来，就不愧为多年后人们给予他的"一位始终把目光伸向民众灵魂深处的小说家"称号了。

那么，他为什么要选择"年三十晚上"夜游呢？在他个人空间里，觉得这个时间是最吉祥、最美好的一刻。从他那副带有几分神秘和兴奋的面孔里，感觉他好像能遇见某位菩萨、某位神仙，在他们身上能沾到很大的吉祥；同时，为家国祈福。

直至几年后，在单位图书馆里的一本杂志上，无意中看见一位姓曹的作家写了一篇有关我爸的评论文章，文章说，"他的短篇小说写到如此地步，也算是成仙了"。当时，我为这种说法产生了短暂的高兴。转念一想，莫非这与年三十晚上的夜游有关？文学创作是一种实实在在的文化体现。而我们的夜游，感觉是半唯心、半唯物的某种行为，找不到确切答案之前，只能这样说。

在一片漆黑的寒冷中继续往前走，是一个丁字路口，往北拐是很长的斜坡，这条砖头瓦渣的小路直通开元寺。往前走一走，一束手电光，又是一声炮响！站立片刻，他笑着低声问："年三十晚上，出来看一看，放个炮、闹个动静，不错吧？"我也笑着，低声说："感觉谈不上错不错。不过，好像真的感受到了与平时有着某种不一样的神秘或说别的什么。"他说："能产生一种感觉就好，哪怕是说不出的感觉……这就是热爱生活！或说受到了生活的某种触动。"我暗自一怔，这就是热爱生活？我感觉他此刻所谓的"热爱生活"，与文学创作有着某种捋不清的关系或说直接关系。莫非我爸的"夜游"与文学创作有着某种神秘关系？又觉得不会。

平时，我从不反驳爸爸，只当没有听见；唯独他说到文学创作时，我就会不由得直勾勾地看着他。他曾经笑着揭穿过我的这个细节。所以，那个年三十晚上，他在开元寺前边说的"……这就是热爱生活！或说受到了生活的某种触动"使我记忆犹新。

随着手电筒光，看一看这家看一看那家，看见破旧低矮的墙头，破旧低矮的街门楼和刚贴上不久的、红艳艳的春联，到处闪现着万象更新，闪现着……与此同时，还联想到家家户户的院里，冲屋门的墙上都贴着巴掌大小的小斗方，红艳艳的红纸福字下边贴着"抬头见喜"；不论俗与不俗，就算在保护水管的砖垛上贴一张"水管不冻",在这年三十寂静的夜里,也散发着新年浓浓的气息,也能体会到某种别样而又说不出的喜庆!

某种真实感觉留在了我内心深处,并且深深影响着我。忽然想起我爸特别喜欢阅读蒲松龄的《聊斋志异》。他的短篇小说与《聊斋》有着某种相似之处,莫非他在年三十晚上的夜游中,在这样的现实中寻找和蒲松龄某种相似的感觉?他还喜欢阅读纪晓岚的《阅微草堂笔记》,也曾效仿过纪晓岚,一位老作家曾夸他写得不错,他笑着说:"闹着玩儿。"

我想,他在寒冷的年三十晚上,带着我和弟弟夜游,绝非闹着玩。那么,他在那样寒冷的年三十晚上夜游,硬撑着年前的劳累转一大圈,目的究竟何在?与文学是否有关,还是与我们家的生活有关?是否与他的创作有关?我无法考证。

这使人摸不着头脑的夜游,在我们家形成了传统,但我不敢说是一种文化。直至后来很长一段时间,沿着我爸所谓的"能产生一种感觉就好,哪怕是说不出的感觉……这就是热爱生活!或说受到了触动"这句话,与夜游联系起来,努力进行冷静的思考。阶段性的总结答案是,即便是父子,由于文化的差距,思考出的结果也是不同的。

我们冒着寒冷,撑着年前的劳累,转一大圈,究竟有什么意义和实际用途呢?我不想从他那里得到答案,也不曾问过他。有的事轻易得到答案，就没意思了，就像《空城计》一样，诸葛亮摇着鹅毛扇，大开城门，站在城楼观山景。如果司马懿率大军直入城内，那就不是军事家司马懿了。那是张飞——这出戏也就没意思了。

话到此，感觉我爸的"夜游"绝非空城计中的"空"，我想，他的内心肯定有"数"。我想，也许他想在生活中追求佛教中所谓的"空"吧，如果真的是这个意义上的"空"，那么这"夜游"的意义就很大了！在我暗暗思考这个问题上瘾的时候，转念一想，也许他在年三十晚上、这个特殊的时刻，极力想让自己的某种思维像电气焊闪出刺眼的光，这样瞬间"刺眼"的光，对于有些灵性的人来说，很有可能会影响其一生，这有些与佛教中的"顿悟"有关系了，似乎就与他所谓的"神秘感"连接上了。

其实，写小说有时候就是这样，尤其是中短篇小说，往往是一个这样"刺眼的光"，瞬间就会在内心产生一篇小说，或说小说的雏形。这种光能够照到以前的某种生活和以后的某种……能照到左边的山涧和右边的树林，它在某种环境里晶莹剔透。如果为了写某一篇小说，在年三十的夜晚出来夜游，也是一件很有趣、很不错的事，也是值得的。他的小说篇目不是很多，但我知道他是一位勤于思考、善于思考并且很会思考的人。至于夜游，他到底是怎么想的？我想，我的几种猜测，应该有一种是正确的，至少在他的思维方向不会有太大的差别。

即便思考不出正确答案，像散步一样，平平淡淡地跟他在年三十的晚上转一大圈也无所谓。转念一想，他绝对不是像散步一样随便转一圈的，正如老前辈孙犁先生给予他的那句话："平淡当中见奇观。"那么，在这样寒冷的年三十晚上，他所谓的夜游会得到什么样的奇观呢？

又是一年的年三十晚上又是一次年三十夜游，我忽然感觉到，在寂静寒冷的年三十晚上，内心或说心灵似乎得到了某种洗礼，洗去了过去一年内心的尘埃，洗去了尘埃的内心剩下的是什么呢？应该是被净化了的精神！

直到我爸去世后的很多年里，我和我弟弟仍旧坚持着年三十晚上夜游，一是对他的怀念，也是想在年三十的晚上，得到点儿意想不到的收获。在今天这样的环境里，这样想、这样说似乎有些滑稽……究竟想得到什么呢，内心也不甚了然。直到近些年，由于某种原因，我们不再夜游了，我深深体会到，这种夜游形成一种家庭传统倒是容易，如果从中寻找到一种文化，就实在太难了，比写小说、写散文还要艰难。

在我目前有限的文化基础上，感觉我爸爸的夜游远远超出了散步的意义，很有可能是在这座古老的正定城里，在黑黢黢的、寂静而特别的年三十夜晚，寻找自己独特的某种感觉，或说某种文化。只有在这特别的日子，才能感受到某种天地的存在。在他后来的几篇小说里，好像将"禅"与"庄子"的思想凝聚在一起，形成了一种静静而恬淡的舒适感觉。我曾读过几篇"禅理散文"，我不妨把他那几篇小说称作"禅意小说"，尤其是那篇《莲池老人》。

如果是这样的话，我们一年又一年年三十晚上的夜游，显然是在积淀或说是默默打造内心的某种文化境界，作家的某种"心境"。对于我爸来说，应该是打造了属于"自己内心的文化艺术境界"。

有的人家年三十晚上嗑着瓜子、喝着茶，热热闹闹地看电视。有的人家年三十晚上在热闹的炮声过后，由于年前做家务劳累而早早入睡。也有的人家年三十晚上摆酒席、喝酒。在正定城里的年三十夜里，我们应该算是唯一一家冒着寒冷，出来在寂静的街上夜游的，这才能显出"闲云"的"闲"吧。

琐记

我爸爸长时间的"闲"，主要表现是坐在家里的沙发上自在地喝茶、吸烟。我妈妈下班回到家，曾经这样没好气地埋怨他，就只管那么歇着。给做好饭，就累着你了？我在旁边说，你别埋怨我爸爸了。他一个人坐着的时候，就是在忙，心里肯定是在想正经事。两三个人歇着说话的时候，也肯定是在说正经事。绝对不是在商量找谁喝闲酒、玩麻将、打牌什么的。我妈便不吭声了。

那时候，我妈妈好陪我奶奶打麻将，她好像听出了某种言外之意，便和我爸爸笑起来，并且笑得很开心。爸爸开心笑的样子，深深留在了我的内心，因为他的那种笑，用语言文字很难表达。那些日子，除了平日里简单的生活，我也好静下来，思想一个困扰我很久的问题，他不到农村体验生活，还号称是"农民作家"，就他在农村待的那六七年，怎么会写出那么好的短篇小说呢？我曾经一度怀疑他是否研究过霍桑、卡夫卡和普鲁斯特的作品，这个问题我曾经问过他。我那样问他也是有根据的，因为我在过去的阅读中，感觉这三位大师都是属于"闭门造车"型的大作家，并且造出的"车"还非常有意思、非常漂亮，也产生了好多世界级的经典作品。但又感觉我爸爸和三位大师的风格完全不同，没有丝毫欧洲作品的影子。我不明白的是，他所读过的那些西方作品，到底对他有什么帮助呢？

也许他阅读那些世界级大师的作品，就像到世界各地溜达了一圈。随便看了看那些大师们的聪明之处，当时，他没有正面回答。无非就是两种结果，一个是，读过他们的作品，仅仅是了解一下；另一种是，没有读过，更谈不上研究。

当初他不明确告诉我，或许是他不想让我走他的创作道路或者说其他人的道路，他是想让我开辟一条属于自己的路子，形成自己的风格。如果是那样，做文学岂不是太难了？在之前的岁月里，我感觉做文学，读书、写作是一项很有意思的健康生活！我深深明白，这样的难，我爸爸是帮不了我的，只有靠自己努力读书，寻找、积累，同时也坚定了我的某种信心。

终于有一天，我爸爸讲起了《变形记》。他好像对这篇名著不感兴趣，那天他讲了什么，时间久了，记不太清。我只记得他所讲的没有贬低和批评，也没有赞赏和提倡，只是讲了些理论性的东西，大概意思是：主人公变成了虫，不可能再变为人，只有人的倒退，而没有人的进步和升华，因此显得很悲惨。卡夫卡为我们提供了一个高度概括性的形象，以惊人的荒诞和细节再现了人的异化主题……

只是觉得他所讲的，与他的风格相差太远。他这个"乡土作家"能这样认识《变形记》，就像骑着破旧自行车从中国的农村，要去爱尔兰的都柏林，要去美国马萨诸塞州的塞勒姆镇，或要去奥地利维也纳，使我震惊又好笑。

那时候，我问了一个使他感到好笑的问题。如果这篇《变形记》，按中国人的思维和写法，爸爸你该怎么写啊？当时，我爸爸笑得很开心，告诉我，这是秘密。只能写出来，发表后才能讲。后来,在饭桌上吃着饭,只是不住地看我。当将要放下碗筷的时候,他不紧不慢地告诉我,按照你刚才那个问题的逻辑,你写小说,估计没哪个编辑……他下边的话,我在此不愿说起。当时他虽然口气也很缓和,但对于我却是一种不小的打击。

不过很快,我的一个短篇习作在《长城》发表了,给了我极大鼓舞。当我将要忘掉那天的打击时,他又不紧不慢地说:"以后,别再读那些外国人写的作品了,多读一些中国作品吧。"当时我只是简单"哦"了一声。直到他去世后,我逐渐成熟的时候,似乎才明白他当年为什么要那么说了……我想,那大概是一条很危险的道路。那些年里,我不断地思考这个问题。

早些年,他们在"讲习所"期间,学习了《史记》,我爸爸告诉山西的韩石山老师,他已经掌握了《史记》中传记体文章的写法。韩石山老师不太相信。他说:"我作了一篇,你听听。"接着,便用常用的那种腔调,不慌不忙地背了起来。韩老师一听,又好气又好笑,他哪是作什么传记体文章,分明是在糟践自己。原文是:"石山者,临猗人也,少聪颖,喜读书。及长,善横舞。夜,欲尿,以面盆接之,朗朗有声。"后来,韩老师在怀念我爸爸的文章中这样说:"……但不能不佩服他的悟性高。多少人学习史记笔法,打死也写不出这么几行有灵气的文字。"需要简单说明的是,韩老师上大学的时候,就养成了这样不好的习惯,晚上的洗脚水留在脸盆里,夜里要小便就尿在脸盆里,早上倒掉,涮一涮再洗脸。可见,这种开玩笑的文章里也透露着我爸爸不是什么"闲云"。我爸爸去世后的日子里,外省的作家朋友们在怀念他的文章中,提到他当年仿造"语录",将自己的聪明、智慧发挥到了淋漓尽致的程度。

我爸爸在世的时候,既将人生看得很淡,又将人生看得很重。将人生看得很淡的表现是:首先他不爱财,他不知道自己每月的工资是多少,甚至都不去财务那里领取工资,都是办公室的人把工资送家里。他坐在沙发上,下巴往桌上一挺,说放那吧。来,坐下抽根烟、喝口茶!人家让他数一数,他不耐烦地说:"多就多、少就少,我数它干什么?"

他将自己的工资都看得很淡,从这一点看,他又的确像一片"闲云"。

将人生看得很重的表现是:非常喜欢过年。非常关爱自己的下属和朋友,又非常心疼自己的亲属!我买家属楼,集资的时候借了几千块。他病重的时候,一而再、再而三地向我追问,是否还清了账。我听出了他的言外之意,他好像意识到自己的时日不多了,他好像最关心的就是我买房所借的账。问得我心里直发颤,我眼含热泪,向他实话实说,房子没有交工的时候,我就还清了。他在痛苦难耐的时刻,竟然还惦记着我所借的账,他又不像一片"闲云"了。

半圆桌

有一段日子,我的情绪有些不稳定。心烦的时候,就什么也不干了,泡上一壶茶,安安生生地坐在我家那张别致的黑色旧半圆小木桌前。由于历史久远,小木桌已经显得褪了几分颜色,年岁好像比我爸爸还要大。我爸爸如果在世,今年有八十岁了,就是说这张半圆桌至少在八十年以上。这张半圆桌也是四条腿,直面靠墙,半圆面向外,下边是两个抽屉,近似正方形的抽屉中央有两个小孔。在乡下生活的时候,我爸爸就经常在这张小半圆桌上写东西。

看着那张小半圆桌,我突发奇想:怎么就成了半圆的?猜测着,准是有人把一个好端端的圆桌弄坏了,把没坏的半块扔掉,未免有些可惜,便找木工用锯锯成了直面,安了四条腿,成了今天看到的样子。曾经问我奶奶,谁把圆桌弄坏了,修成了这样子?当时真的很希望我奶奶说,是我爸爸弄坏的,那样就可以为我以后不小心弄坏东西找借口,当我爸爸埋怨我的时候,就可以指着这张半圆桌,问他怎么就成了这个样子,他就会哑口无言。

然而,我奶奶却说,我嫁给你爷爷的时候,那张半圆桌就是这个样子。我失望了,暗自告诫自己,以后做什么家务须得小心……我不想再考究这张半圆桌的年代,总之它快成民间文物了。

后来,我在单位图书馆整理图书的时候,无意中看到一个白皮、不算厚但很有些重量的十六开的书,这是一本鲁迅先生的相册。在这之前的几年里,常听我爸爸讲起鲁迅,我便对鲁迅先生产生了浓浓的敬意,看到鲁迅先生的相册,当然爱不释手,便坐下来一页一页地认真翻看。无意中看到鲁迅先生用过的一张小桌,那是不算长、不算宽的一张小桌,小桌上放着一个小镜框,框里装着正定隆兴寺被他誉为东方女神的"倒坐观音"像,一个小墨盒,瓷笔筒里放着两支小楷毛笔。我不禁想起我家的半圆桌,一个是长一点儿的,一个是半圆的;从它的意义和某种形式来看,还有桌上的摆设,多么相似啊!

看着照片上那张不起眼的小桌,改变了我一些不成熟的、浅薄的想法,像鲁迅先生这样伟大的作家,竟然在如此简陋的小桌子上创作出那么多不朽的篇章。那是先生思想、学识的体现,与写字台大小没有任何关系。民间有一种说法,认为宽敞的大屋灌不满人气,而大写字台上摆放的零碎自然就多些,这样更容易分散注意力。鲁迅先生用的那张小桌,显

半圆书桌

壬寅夏 砚耀

然不会分散他的注意力。

我家的小半圆桌上，曾经放着一个铁茶盘，一把瓷壶，两个茶杯；直面的边上放着墨水盒，里面插着一支小楷毛笔和一支塑料杆蘸水笔。距桌面一尺来高的地方系着一个灯泡，灯泡上用两张稿纸裹成一个喇叭筒形状，灯光集中照在半圆小桌上。我爸爸就在这样温馨的灯光下，熟读了鲁迅先生的作品，在这张小半圆桌上用那支简单的蘸水笔写下了短篇小说《取经》《春暖花开的时候》《年头岁尾》《中秋节》《小果》《花市》等作品。

仔细看着照片上鲁迅先生的小桌，再看我家那张小半圆桌，总感觉两张小桌有着非常相似的神韵！这样说，未免有点儿与鲁迅先生"努力挂靠"的味道，其实这只是我一种真实的、潜意识的感觉。这张小半圆桌对于读书人来说，真的有几分吉祥，有几分说不出的精神慰藉。

20世纪80年代初，我家盖了新房，我爸爸用上了写字台，那张小半圆桌就搁置在了另外一间屋的一个角落。有相当长一段时间我都没有注意到它的存在，再看见它的时候，上边蒙着一层厚厚的尘土，四条桌腿在常年有些潮湿的屋里，也开始慢慢腐蚀。我便想把它搬到我的住处，我妈妈却不肯。既然不让搬，那就让它慢慢腐蚀吧。我只是深深地、默默地感到惋惜！

第四章 归宿

我在平淡中

多年来,由于我爸爸的名气,身边好多人都向我投来异样的目光,那目光里蕴藏着某种羡慕……其实我在生活中并没有什么,我们只要做到相互尊重也就可以了。在生活中,我一直是这样努力做的。尊重别人!在别人面前,我甚至有些夹着尾巴生活的感觉。

记得那年秋天,去我爸爸的住处,他看见我便微笑起来,和蔼地说:"昨天刘馆长过来歇了会儿,刘馆长夸你在单位里什么都干,一点儿县领导、局长、名人家孩子的架子、优越感也没有,这样很好!"我不解地问他:"领导、局长、名人家的孩子应该有什么样的优越感和架子呀?"有这种想法的人,反倒容易引起别人的反感。我就是我,别人怎么来评价我,我不关心。我只做到问心无愧就行了。

刘馆长给了我这样一句公正的评价,使我感到浑身轻松。我爸爸看着我平静的样子,便嘻嘻地笑起来。我继续说:"撇开任何关系,作为写小说的作者,就不应该有什么架子。如果有了什么架子,生活底层的一些事,什么也看不到,只能看见一张张的笑脸,笑脸背后是什么?"爸爸在惊诧中微笑着,问:"怎么把什么都能和小说联系在一起啊?"那天,我不在乎他的微笑,只在乎我说得对不对。

开始,我爸爸怀疑这句话是我从某本书上看到的。我说不是,我怎么想,就怎么说。我爸爸说:"你说得对,这是对生活的一种态度、一种终极态度。一般作家或说你这个年龄的人,我感觉说不出这种话的——说得很对!不然你看不见城里那个满街游荡的某某某。"

在爸爸的长期教导和影响中,我过着平淡的生活!他在生活中教导我的话很多,但我几乎都不放在心上,我感觉他讲文学创作的知识,对我才特别重要。我还喜欢听他讲孔子、庄子和佛教,喜欢听他讲……

一个作家的生活,无非就是写作和思考,再就是说什么话。

他早早地走了。我在平淡中平静地生活……

每当腊月里,他健在时的身影就会浮现在我的眼前。我就会不由得黯然神伤,这样的悲伤来自内心深处。有十多年,一进腊月,我就不由得掉几滴眼泪!在这个时刻,尤其是做年菜的时候,就会不由自主地想起他,做着菜,泪就会不由得掉下来……因为,他在世的时候,非常喜欢过年,他也亲手做年菜!也因为,越是临近过年,越是离正月十四、他的忌日越近。那是我们家人难以忘记的深痛悲哀之日!

有时候,还没有进腊月就会想起他,好像他在我旁边的某个角落坐着在喝茶、吸烟,提醒我要过年了。他微笑着,在津津有味地瞅着我怎么准备过年……我曾经问过一个看香的,向她提及自己这样的感觉。她笑着告诉我,那是你和你爸爸感情太深了。情感丰富的人,大部分都这样。你有这样的心态,不要害怕,也不要对他太痴迷。你跟着自己的感觉走,顺其自然,慢慢就好了。

但这仍旧打消不了我的那种潜意识的怀念,无奈之际,只能默默而又悲伤地祝福我爸爸在遥远的天堂里健康!想给他写封信,都不知道该寄往何处!

在平淡的生活中,曾经在剧团里任领导的一位前辈调到了我们图书馆,任了馆长。在我晚上值班的时候,他好去单位找我闲聊,还时常饶有兴趣地提起当年的《向阳花开》,说当年他在剧中扮演什么角色,说到高兴时,还不时地小声唱两句。由于年代久远,有的唱词,他也已经记不太清了。

他的情绪完全在戏里,夸那剧本以及唱词写得多么好、多么讲究,以及当时排演《向阳花开》的时候有过什么笑话。在我听来,他好像用这样特别的方式在怀念他的好友、我的爸爸!可能是河北梆子的腔调所表达的情感,符合内心的某种情结。之前的好多年,我就喜欢听河北梆子,接触剧团里的人也比较多;其他演员在回忆中,也都说《向阳花开》剧情好,唱词也好。听到他们的赞扬,我内心也感到几分慰藉!他们的言外之意,无疑是肯定我爸爸的文学和剧本创作的天赋。他的这些天赋又从何而来呢?应该就是从他长期的、持之以恒的勤奋中而来。他这个"闲云",也是从那片勤奋中而来;还有他那一篇篇小说……这就与前些年他所说的"不论做什么事,要有坚韧的恒心"也就连接上了,他是有坚韧恒心的人。他之前说过的某些话里,是不是也暗藏着什么意思呢?我努力思考着,我不愿意漏掉一丁一点,……转念一想,早知今日,自己何必当初那么贪玩呢?在平淡的生活中顺其自然吧,不要遗憾什么。

我又不禁联想,爸爸独自在家的时候在做些什么?我曾经在门外听到过,他用铅笔的另一端,轻轻敲着桌面,全神贯注地看稿,小声唱着河北梆子,不时地修改两个字。他静静地坐在沙发上,自在、安详地喝茶、抽烟。

他不知道的

记得非常清楚,1995年阴历八月十三,是我们家人心里最为紧张、担心的一天,同时我也深深体会到人们常说的"心提到嗓子眼儿"那种难以用文字表述的感受。往年的这几天,我爸爸总是饶有兴致地唱京剧《武家坡》中的唱段:"八月十五月光明,薛大哥在月下修文……"

然而,就在这天的上午,我爸爸躺在手术车上,睁着两只有神的眼睛被推进了手术室,那目光里好像暗暗闪动着某种不祥的疑问或猜测。我紧紧跟在手术车旁边,不忍心看着他,却又离他很近,不由得想象着手术刀……手术后看上去他的情况还不错,像是在静养,只不过是非常消瘦,虚弱。尽管这样,他在床上半躺着写下了与欧·亨利抬杠的短文,还有短篇小说《电表》及其他文章。

正当我们慢慢放心的时候,他的病情发生了转折,一天不吃饭,两天、三天不吃饭。直到第六天还是第七天不吃饭的时候,我提着的心才慢慢放下,并告诉他没事了。他注视着我,沙哑着嗓子,带着些担心,低声缓缓地问,七天不吃饭,怎么会没事啊?我又告诉他,你这应该是不活动、总是躺着的原因,吃下的东西不往下走,也就不饿了,说到底,就算不是这样——我记得，电影《回民支队》中，马本斋的母亲被日本人抓住，绝食了五天就不行了。咱这都七天了，应该熬过去了。

我这番话好像给了他很大鼓舞！他忽然来了精神，沙哑着嗓子，目光仍旧像以前那样犀利，笑着冲我有气无力地说，你还记得那个情节啊？殊不知，他没有再胖起来、健康起来。能吃东西的时候，也是吃那么一点点，并且还时常有被"噎"的感觉。那时候，我们县医院的医生和许多朋友时常来看望他，并且劝他能吃的时候，尽量多吃一点儿。他总是苦笑着说，事没有在谁身上，谁不知道啊！

我可怜的爸爸受尽了痛苦和煎熬，受尽了用文字难以表述的折磨……家人能做的就是为他揉揉肩、揉揉背，除此之外，就是无奈地又非常悲伤地看着他。尤其是我妈妈，整天看着他难受的样子，背后不知道流过多少泪，急得耳朵都显背了，直到现在。那时候，我奶奶还健在，她叫上我爱人悄悄出去了整整一个上午。将近中午的时候，一老一少才回来。

我在屋里，隔着玻璃看见我奶奶低着头，脸色很难看，慢慢往她屋里走去。我看见我爱人的眼红红的，像是刚哭过。她看见我，便低声抽泣起来，一种绝望而又难以表述的模样。她低声说："奶奶叫我跟她去大佛寺了，奶奶在大佛爷前跪着，不出声地哭，哭了好长时间，哭得奶奶都站不起来了，最后我硬把她抱起来……还是当娘的亲啊!我扶着她,慢慢走到爸爸住的楼前边的大街上,哭着不能往胡同里看。我为分散她心里的难受,没话找话地说,过去歇会儿吧!奶奶摇了摇头,哭着就回来了!"

我奶奶是从民国初年走来的,是一位很坚强的、将近八十岁的、行动缓慢的老人。今天竟然为了她的长子、我的爸爸,和我爱人去……爸爸啊!你在事业上那么争气,怎么在自己的身体上就这么不争气呢!这对于一个老太太来说,内心承受着多大的压力和痛苦……第二天下午,我和我爱人抱着一丝仅存的希望,骑着自行车朝城外二十多里处的乡下,找那个看香的。人到绝境时的无奈。这些事我爸爸始终不知道,也不想让他知道!还有一件事,是我爸爸去世第二天,还没有出殡的时候我知道的。当徐光耀老人听说他得了重病,老人家悄无声息地向苍天发誓,抄写一遍《金刚经》,保佑他的病好起来,并且老人家为了表示虔诚,用一笔一画的隶书来抄写。老人家抄写的时候,应该是七十多岁年纪!徐老作为我爸爸要好的朋友,老人家这样的举止算不算伟大?老人家刚抄写完,我爸爸便丢下徐老这番心意,去世了。最后,徐老作为抄写的原因也好,作为抄写的诠释也罢,在最后一张纸上这样用隶书写道:

作家贾大山，是我至友，胸怀奇才，文章璀璨。惜久病不愈，心中焦虑，忽思及发一心愿，书写全部《金刚经》，以消前业，使大山免祸而长寿。自丙子十一月初十日起，日书二三纸，至丁丑正月初九日，书讫，或将有助于众生读诵传布。念中亦时时及于孙犁老者，他是燕赵一大俊才，目前亦在病中。芸芸众生之血心，也是舍不得他的。但恐切切此心，不足以感达上苍。未知我佛世尊，于意云何？（标点为作者添加，下同）

　　　　　　　丁丑正月十二日雄州徐光耀书

又说：

　　我佛不准，斯人竟丧。心或不诚，遭此天谴。今上午得小放电话，大山已于昨天没去。此册竟不能使之一过目，奈何，奈何！除了供奉其灵前，还有何说？

　　　　　　　丁丑正月十五日光耀悲痛莫名

徐老抄写《金刚经》，我爸爸也不知道。
由于当时徐老过于悲伤，尤其是这张纸上的最后这小段文字，与正文《金刚经》的字迹有着明显不同，书写明显粗糙；同时，这也不难看出，字里行间流露着老人家深切的悲哀，并且还有一个由于激动而改过的错别字；同时也不难看出老人家与我爸爸的深情厚谊！那天，河北作协前来吊唁时，徐老托人捎来的。这本迟到的《金刚经》摆放在了我爸爸的灵前，作为了徐老和我爸爸深情厚谊的见证！作为后辈的我，默默地向着石家庄方向、向年迈的徐老替我爸爸表示深切的感谢！

那天我和爱人顶着满天星斗回来，直奔我爸爸的住处，看上去他的精神蛮不错。他坐在床上，靠着被摞，好像想起了之前的痛苦，端着一杯淡茶，慢慢喝着。消瘦的脸上好像只剩下了那双有神的眼，眼睛显得很大。当我将看到的告诉他时，他沙哑着嗓子，缓缓地说，是瘦得不正常了，才显着眼大得有些不正常。我劝他吃点儿饭，他说，现在还不饿，吃不下。

那天，我爱人和我妈妈说起了其他事，不再说与他的病有关的话题了。我听得出，怕给他造成精神负担。他在床上躺着，点着一支烟，打断她们的话，皱着眉头埋怨说："俺都这样了，你们说点儿劝俺养病之类的话。"他的目光又转向我妈妈，继续埋怨道，"孩子们来看俺来了，你老是挑着头，说些与俺这病无关的话。"

他这样的言语,把我们逗笑了。

我们单位与他的住处很近。晚上我值班,首先到他的住处看一看。他看见我,就问:"怎么又来了?"我不敢说来看他,便说:"晚上我值班呢,过来歇会儿。吃了点儿饭吗?"他说还不饿。他递给我一支烟,自己也点着,抽了一口,抖着手里的烟,沙哑着嗓子,慢慢地说:"烟这东西,真不是什么好物件儿。花着钱买它,从嘴里抽到肺里,转一圈儿,再从鼻子眼儿里冒出来,就过了瘾啦。并且还很难戒、戒不掉。都是没出息造成的,也不知道让这烟在肺里转一圈儿干什么。"我说:"就像写小说一样,写小说前,是在心里酝酿,慢慢体会、感受。烟这东西是在肺里慢慢酝酿、感受。"

我这样的话,使他禁不住地笑起来,笑得很开心,笑得没有声音,好像一个老态龙钟的老人,不像五十多岁的中年人。带着微笑说:"你说得很对。你怎么把什么都能和写小说联系在一起啊?"

只要他不难受,我就继续着他的话题找话说。这对于他来说,似乎也是某种慰藉。我说是啊,佛教中告诉我们,人最大的敌人就是自己,自己连戒烟的决心也没有,这显然就是没出息。他苦笑着说:"是啊。我不戒,我岁数大了。可你还年轻,能戒你尽量戒掉,烟真的不是什么好东西。"说着,他又递给我一支。我也苦笑起来,问:"你到底是让我戒掉,还是让我吸啊？"他说："多吸一支少吸一支也没什么。以后慢慢戒吧。"

我苦笑着，暗想，戒个烟，还得以后慢慢戒……

我问他，既然知道这不是好物件儿，你怎么还抽啊？他苦笑着说："不是没出息嘛。不抽根烟，光这么傻坐着、傻愣着啊？"戒与不戒烟这个话题，他总是有理。那天直到八点多，他才让我走，说要吃饭，不愿让我看他被"噎"的样子。我起身要走的同时，眼泪便在眼眶里打转儿，看什么好像都在晃动。他又叫住我，说点上支烟再走。我接过烟便走了。

坐在单位里，工夫不大，电话忽然响了，是我爸爸打来的，听见电话里传来慢腾腾的、有气无力的沙哑声音："小子啊！告诉你一件事，今天爸爸吃饭，没有噎，也没有往上顶。顺顺当当地喝下半碗小米粥，吃了半块馒头的一半。你走的时候，我看见你是含着泪走的，我知道你心疼爸爸，就打电话告诉你一声，现在肚里挺舒服。"

真是的！都瘦成什么样子了，还那么有尊严！我努力控制着自己的情绪，嗓子里像堵上了什么，"哦"了一声，然后说："趁现在不噎、不往上顶，就再吃点儿吧！"他说："不敢多吃了，怕胃里难受。"我在电话的另一头，不住地擦着眼泪，努力控制着自己的情绪，尽量不让他在电话里听出来。说实话，那时候他也经常因为自己的病着急、掉眼泪。

一天，铁凝老师和省作协的一位领导来看望他。在此之前，天津的蒋先生子龙前辈和铁凝老师也来看望过他。这天，铁凝老师的到来给他带来了极大的希望，也使他非常高兴，他便说起了前些日子住院，几个中学生在病房外隔着门上的玻璃看他……他似乎很珍惜那件事！也因为那件事，他说了很多话。

即将中午的时候，我爸爸下了床，他那显些肥大的衣服，就像裹着根竹竿儿，衣服晃晃荡荡地来到他的书房里，背也显驼了。他沙哑着嗓子给我们县政协的沈主席打了电话，意思是他出不了门，让沈主席帮忙安排铁凝老师和那位省作协领导，在招待所吃顿午饭。

午饭过后，沈主席又来到我们家，说："今天人家铁凝哭了！"我爸爸一听，便怔住了，然后困难地坐起身，连忙问："她哭什么，为什么哭啊？"沈主席没有直接回答，又问："她平时不喝酒吧？"我爸爸说："不喝呀。"沈主席这时候一顿一挫认真地说："人家嫌你不吃饭（那时候，我爸爸已经把吃饭当成了一种压力），看你瘦成了这样子，朋友们心里不好受啊！人家不喝酒，今天人家铁凝破例喝了一杯，她擦着眼泪，说是代表你，人家把自己当成了家里人，向我们表示感谢，感谢我们照顾了你！"

我爸爸不言语了，他瘦得好像只剩下了两只炯炯有神的眼。他脸抽搐了几下,一副凄苦的样子,含着泪感动地对沈主席说:"多好的朋友们啊!还有咱们政协的同事们,都是多好的人啊!就是我这个'臭皮囊'对不起关心我的人……我难受,没有办法啊!如果我能吃得下饭,我为什么不吃呀、我肯不吃啊!"

在此之前的一天晚上,我来到他的住处,他正半躺在床上暗暗流泪。看见我来了,便坐起身递给我支烟,他也点着一支。我看他的情绪,不是因为难受而掉泪。便问他怎么了。他叹了口气,但仍旧噙着泪,脸上带出几分笑容,沙哑着嗓子告诉我,咱都成这副样子了,组织上、朋友们还惦记着我。下午,人家铁凝打电话说,文联和作协要分家,让我当省作协副主席呀!咱这样子还能为人家做什么工作啊,人家还是这么抬举咱!就是咱这身子不做主,对不起朋友们和组织的关心啊!

那时候,我爸爸已经很瘦了,脸瘦得就像泥瓦匠用的瓦刀。他那么一天天躺着,躺得也很累。我和我弟弟不论谁去了,就让我们为他揉揉背、揉揉腿。用的劲儿大了,他受不了,用的劲儿小了,他让用点儿力,那股劲儿很难拿捏。他的背上几乎没有肉了,可以说是皮包骨头了。

一天,我妈妈去医院为他拿药,我在家照顾他。在他小憩的瞬间,我轻轻来到书房,搬出几本相册悄悄看起来。他那健康时的身影，对比眼前被疾病折磨得瘦得可怜的爸爸，我心如刀绞，禁不住抽泣起来……忽然听到他沙哑着嗓子在叫我，我便擦干眼泪，来到他的床前。他用往日犀利的目光看着我，问："你哭了？"我没有回答。他审视着我说："告诉爸爸，你哭什么啊？"在我告诉他的同时，他的眼睛也湿润了，并深情地看着我，激动得好像不知道说什么好。许久，他撇着嘴，颤抖着沙哑的声音，缓缓地说："好乖乖！说心里话，我多想和你们多做几年伴啊，可谁知道咱还不行啊！我只要活着，就这么病病歪歪的，就觉得你们不那么可怜！如果没了我，假如我有知觉的话，就会觉得你们在这个世界上很可怜！"

病情时常折磨着他，也不难看出他对病情有所好转的期望！那段时间，我经常回忆过去一些有意思的事，勾着他去想，从中找点儿乐，分散一下他的病痛。我这样的做法，有时管用，有时不管用，不过他能看出我的用心……一天中午，我上班的路上，看见路边的拐弯处有一个流动旧书地摊。我看见地摊上有好几本《当代人》杂志，杂志的封二上有他一组照片，我便买了一本作为纪念。当我到单位的时候，我表弟也来了，他看见我拿着的那本《当代人》，便问我从哪里弄的？我告诉他从旧书地摊上买的。我表弟也让我带他去买。他骑着摩托车，带着我，我为他引着路，来到那个旧书地摊前,他竟然一下买了三本。我问他:"买这么多干吗?"他瞪着眼,很严肃的样子,一点儿笑容也没有,爽快地说:"买这多干吗?俺谝,跟熟人们谝。俺有这样的舅舅,他们谁有这样的舅舅啊?"

他怎么可以这样明说啊?并且在大街上,说话还那么大声……同时,地摊主连忙靠近他,看着那本杂志的封二,又带着几分羡慕的目光看着我表弟,问:"这是你舅舅啊?"我表弟一副神气活现的样子,仍旧那么严肃,当然是我舅舅啦!他又指着我,说:"就是他爸爸。你有这样的舅舅吗?"地摊主看着我们俩,摇了摇头。我表弟快言快语地说着,便将买的杂志揣进怀里。他的话,使我感到非常好笑。晚上,我值班的时候,来到我爸的住处,他正在急剧地抽泣,说不出话。看见我,他紧紧拉着我的手,通过他紧紧握我的手,我也紧紧握着他的手,好像这样才能多挽留一会儿是一会儿,多挽留一天是一天,紧握的双手默默传递着父子之间用语言无法表达的情感!分分钟都显得非常宝贵!

我将今天中午上班时所发生的事告诉了他。他听后,便噙着眼泪,猛然笑起来;虽然听不到他的笑声,但也不难看出,他笑得非常开心,笑得泪花儿又要冒出。我那位表弟叫王辉,平时管他叫小辉,他属狗。我爸爸平常管他叫老狗辉!此刻,他笑着点着一支烟,说:"你这么一说,我就好像看见老狗辉的样子了。那孩子就是好瞪着个眼，说话又直爽。"在病床上，我爸爸每逢高兴或是痛苦难耐的那一刻，我都铭记在心！

好长时间没有见他这样开心笑过了！我心里很是激动，眼泪差点儿掉下来。多亏我表弟今天发生了一件这样的事！我暗暗感谢着我的表弟——老狗辉（故于2019年春，时年五十岁）！如果不是他今天这样的举止。我爸爸、他的舅舅也不会有这样的高兴！说来也怪，只要有高兴的事，似乎就能缓解他的病痛，这似乎与他内在的某种文化有着一种说不清的关系。如果真的是这样，可见文化的作用了。

腊月二十八，已经在医院住了好几天了。因为过年，医院里的人明显少了很多，走廊里也显得冷冷清清，隔着玻璃看见其他病号被家人扶着、亲属拿着东西往外走，也就勾起了他回家过年的愿望。起初，医生不同意我们回家。因为这一点，他很不愉快，并且还时常流泪。那时候，我爸爸就只能喝半碗玉米面粥或半碗小米粥，吃点儿炒得软乎乎的白菜叶，其他的什么也不想吃。中午，终于说通了医生，同意我们回家过年。腊月二十九输半天液，下午就可以回家。

我把饭送到医院，他说不吃、吃不下，肚里难受。我缓缓地说，那就待会儿再吃。这是保温桶，待会儿吃也不会凉的。说着，他又掉下了泪。看着他掉泪的样子，我也禁不住地流起了泪，帮他把被子往上拽了拽，保些暖兴许还好些。我拉起他那只软绵绵的、很瘦的手,感觉他一点儿力气也没有,我帮他擦着泪说:"爸!别这样啊。医生同意咱们明天下午回家了。明天这个时候就是除夕,在家就能听见过年的炮声了!咱起来吃点儿饭吧,行不?"

他看着我难过流泪的样子,便想坐起来。我连忙扶着他坐起身,他问什么饭呀?我说,咱现在能吃什么啊?无非是小米粥、玉米面粥。今天是小米粥。我妈妈看他有吃的意思,便给他盛了半碗小米粥。他便喝一口,停一停,总算慢慢地喝完了。他沙哑着嗓子说:"咱闹个病,要求不高,就要求能痛痛快快地喝碗小米粥,不让吃馒头也可以。这都不行啊,肚里进点儿东西就难受。看来老天真是要灭咱呀。"

我爸爸这样的言语,是我真实而又深深感到,他好像双手扒着悬崖边,在努力而又艰难地往上爬……而我站在旁边却无能为力、毫无办法地看着他,急得直流泪、急得浑身直冒汗,感觉在水深火热之中抓耳挠腮地挣扎……我憎恨自己的无能为力,憎恨自己的毫无办法。我该怎么办呢?我明白,这个问题没有人能够回答!

第二天下午,我们把他接回了家。傍晚时分,我把除夕的饺子和我做的年菜送到他的住处时,爆竹声已经断断续续地响起来。他盖着被子,半躺半坐在床上,认真地听着外边的爆竹声,又一次掉下了泪,他说:"想起了自己健康的时候,咱们在一起过年的情景！再看看今天这个身体……"

我看他潸然泪下地动了感情，便问："爸！现在肚里难受吗？"他抬手擦掉眼泪，沙哑着嗓子，低声说："现在倒不难受。不过我想抽根烟。"我说："趁不难受，趁饺子还热乎，赶紧吃几个饺子吧。今天除夕、过年呢，吃了饺子，到书房里泡上一壶淡茶，坐着吸会儿烟。过新年，咱得有个新气象，不能光这么躺着。你说呢？"

他瘦得只剩下了两只有神的眼睛和两颗明显的门牙。我这样的言语，好像给了他勇气，或说为他提了神，想坚强起来。他含着泪笑起来，拉着长调，沙哑着嗓子说，行！他坐在床上，慢慢吃着饺子，嚼一嚼，停一停，好像运一运气、稳一稳再往下咽似的。就这样困难地吃着饺子。吃过几个之后，就说不吃了。我用商量的口吻，劝他再吃几个吧。他便又吃了几个，然后就又抽泣起来。我问："这是怎么了？刚才还好好的，怎么又哭了？"我感觉就像哄小孩似的。他说："实话告诉你吧，昨天在医院，喝那半碗小米粥，我是喝给你看的。我不吃，你不走。就是走了，昨天一晚上，你心里也不会好受！你的心，爸爸知道！"

几个饺子，吃了好长时间。即便再长时间，能吃下，不噎、不往上顶，对于我们家人来说也是一种极大的慰藉！我又说："凉了吧？我给你热一热，再吃几个吧？"除夕的晚上,他吃了七八个饺子。我扶他来到书房,为他泡上一壶淡茶,点着一支烟。他用怀疑的口吻,说起了是否还能健康起来、还能好起来。如果能的话,咱们以后过年……唉!那年的除夕晚上,他说了很多话,也喝了不少的茶,好像是新年气氛支撑着他的精神,爆竹声驱赶着他身上的疾病,使他感到轻松了很多似的。

愉快地说着话,轻轻的敲门声响起。我爱人带着孩子来了。我爸爸看见他的小孙女,便又流下泪,他把孩子拉到怀里,用颤巍巍的、沙哑的声音,低声说:"我多想和你们和这小闺女在一起多过几个年啊!就是不知道还行不行。"我说:"怎么不行啊?就像今天这样,一顿吃七八个饺子,不噎、不往上顶。明天吃八九个,一个一个往上加,咱活到八十岁,应该也不成问题。"

我爸爸噙着泪苦苦地笑了,不过笑得很开心!但没有声音,只是一个笑得很开心的模样,大大的眼睛眯成一条缝,只突出着两颗门牙,隐约能听见他喘着无力的粗气——毕竟是在笑嘛!他好像已经没有力气发出笑声了,也许是在省着自己宝贵的力气,当那种难忍的痛苦发作时,也好有点儿力气抗衡吧。我的孩子、他的小孙女抬起嫩嫩的小手,两只水汪汪的大眼睛看着他,为他擦去脸上的泪,然后偎依在他的怀里……他问怀里的孙女:"影影,你说,爷爷还能活吗?"

我的心一下子提起来，生怕孩子不懂事，说出什么不吉祥的话，刺伤到他这严重病态的、弱不禁风的身体和他那颗脆弱的心。还好，我的孩子忽闪着两只水汪汪的、黑黑的大眼睛，偎依在他的怀里，好像很胆怯地说了一个字："能。"如果这个"能"字从我们成年人嘴里说出，感觉他会无动于衷。此刻，我爸爸好像从孩子嘴里得到了极大的安慰，动了动瘦骨嶙峋的身子，沙哑着嗓子说："能就好！爷爷就和你们多做几年伴。"说着，他让我泡了些淡茶，又和我妈妈要了两百块钱，塞到孩子兜里，说过年呢，给个压岁钱。两百块钱买一个"能"字，比上班强多了！

后来，我爱人嚅动着嘴，向我小声问，你饿了吗？我轻轻摇了摇头。我爸爸显然是猜到了什么，慢慢冲我扭过头，沙哑着嗓子问："你还没有吃饭啊？"我笑了笑，说："煮好第一锅，捞出就给你送来了。我吃谁家饭啊？我中午吃得多，还不饿。过年呢，多歇会儿吧！"他显出几分愧疚，又带有几分埋怨，说："我当你吃过了饭，才给我送来的呢。这都快八点了吧，赶紧回去吃饭！这人才是哩……"

我又点着一支烟，说抽完这支烟，我就回去。"爸！看见你今天这难得的愉快、高兴，我就想多歇一会儿！"我这样说，他又噙起了泪，说路上抽着烟，赶紧回去吃饭。每当我从他那里走时，都不由得回过头，认真、深切而又可怜地看他一眼！担心他看见我的眼神，连忙移开目光，生怕引起他的伤心，我知道，他的感情已经非常脆弱！

外边，三十晚上的爆竹声仍在热闹地继续……

回家吃过饭，换上过年的新衣，我就又来了。这时候，我爸爸已经躺下了，他看见我，先是问吃了饭没有。我说吃了。他又问："你怎么又来了？"我告诉他："这不是三十儿晚上嘛，我夜游呢。"我一句"夜游"，又勾起了他美好的回忆！讲起了他小时候年三十晚上，街上吹着唢呐，敲着鼓、敲着锣钹，孩子们扛着玻璃灯和纸糊的灯笼，里边点着蜡烛在街上像一条龙一样，慢慢地走过……

我又说起了他的短篇小说《腊会》。他不禁一震，愣了一下，犀利的目光慢慢转向黑黢黢的窗外。片刻，又收回目光，向我要了一支烟，又让我到书房端来杯水，慢慢抿了一口，缓缓地说："以后少读外国人写的作品吧，多读些民国时期作家们的作品和新中国成立后作家们的作品。像20世纪80年代后的新派作品也可以读一读。"他说这些话的时候，我感觉比以往认真了很多，虽然嗓子沙哑着，但他说的话也很多，比去年的年三十晚上说的话还要多，大部分的话都是在讲文学创作。他好像为了突出什么，又讲了些有关卡夫卡的创作，以及那篇《乡村医生》……

正月初四上午，我来到他的住处，我妈妈悄悄告诉我，以往他醒得很早。今天到现在还没醒呢。让他多睡会儿吧。是啊！我也这样想，他难得这样多睡一会儿。我便和我妈妈到书房里坐着小声说话去了。我走的时候，来到他的床前，小声叫了叫他，告诉他我回家啊。他没有睁眼，只是轻轻地"嗯"了一声。

初五，也是这样。

初六，也是这样。

初七，我们家人意识到不太好，便找来车，我弟弟将他背下楼、上了车。又是我弟弟，挺着强壮的身板，把他背到了病房，输上了液……仍旧没有睁开眼。在此期间，政协的沈主席来看望他，也不睁眼。跟他一起工作的小高来看望他，也不睁眼。好多领导、朋友来看望他，也不睁眼。和他说话，只是简单地轻轻"嗯"一声，或嘴唇嚅动两下，听不清他在说些什么。当时我还感觉他变了，变得架子很大，我向来看望他的人们表示愧疚和歉意，根本没有意识到此刻的爸爸已经奄奄一息……就这样，耗到了正月十四晚上九点十分，连那声简单的"嗯"，也不回答我们了！

家人、朋友眼眶盈满了泪水……

跟他一起工作的沈主席、小高等人，站在病床头，看着他的遗体在急剧地抽泣……

他与那年正月十四晚上九点十分——同在！

他与"作家"的称号——同在!

老家门口那条街上,从南到北排满了送他的车。我家不大的院子里,摆满了层层叠叠的花圈。正月十六一早,一辆辆轿车和浩浩荡荡的人群将他——我的爸爸送走了!留在我内心的,只是他健康时候的身影与无限的怀念和悲哀,还有他在生活中的点点滴滴以及他的悉心教导……他紧闭着的嘴,好像用尽着浑身力气在认真创作。喝茶、吸烟时候的那种悠闲、安详历历在目。多次和漫公在丝瓜架下认真、低声聊天以及和儒生叔叔说话到深夜,都记忆犹新!晚上吸烟、烧被子、救火,不小心掉进水坑里,都在他在生活中的点点滴滴里……

纵观他五十四岁的一生,我爸爸在生活中没有骄傲自满的表现,在文化界也没有自高自大、看不起谁的言行,在我们亲朋好友中更没有那种高高在上的霸权……亲朋好友们非常喜欢听他那种浑厚朴实的声音,他那种质朴的话里往往蕴藏着使人意想不到的知识和道理。他非常尊重知识、尊重生活、尊重真理。他的人格魅力是完全建立在这个基础上的。长时间以来,好多亲朋好友都说,听他说话是一种精神享受!懂文化艺术的人说,听他说话是一种艺术享受!

"我多想和你们多做几年伴啊,可谁知道咱还行不行啊!感觉我只要活着,就这么病病歪歪的,觉得你们就不那么可怜!如果没了我,假如我有知觉的话,就觉得你们很可怜!"我爸爸这样的言语,证明他留恋着这个世界,他有着对家庭、对儿子的强烈责任!

在他去世的二十多年里,我经常想起他这句话。我和其他人一样,平静地生活着,不过我没有觉得自己可怜,倒经常感觉到一种孤独,少了一位说知心话的亲人,也少了一位请教问题的好老师、好爸爸。他一生谦虚谨慎,为人和善,从来没有和别人发生过争执,好像也没有时间和别人去争执。一生中,他都在默默努力着扬起属于自己的那面风帆!那面风帆的背后,是一群群追随他的读者,是一封封远方读者的来信。属于他的那面风帆并不孤寂,"闲云"也并不闲……这是为什么啊?

有人问我,你为什么不进行走访,找一找他过去的老同学,了解一下他上学、年轻时候的一些事来写一写啊?我直言不讳地说,不。因为我担心有某种演绎,破坏我记述的真实性。我只记述我印象中的,跟他说过的事。记不清,就直接说记不清。我不去通过走访,回家再添油加醋地杜撰。我觉得这与良心有关,同时,如果处理不好那种"演绎"或"杜撰",也会失去"平常心"。

不过,有时候也仔细深想,他到底有没有那种所谓的知觉呢?我这样说,听起来似乎有些愚昧——如果我们的生活,能像《西游记》那么神奇就好了。遇到困难问题，给某个神仙写个纸条，压在枕头下，晚上神仙就托梦给你，在梦中告诉你怎么正确解决，那该多好啊！

想告诉我九泉之下的爸爸，我们不可怜。在生活中，我有过困惑，但不要紧。我有过愉快、开心，但也无所谓。我铭记着徐老对您的评价，并且按照徐老评价您的意思，我在认真努力地延伸……

爸爸！您在平淡中，扬起了属于自己的那面风帆！

谨以此文献给我的父亲——贾大山先生八十周年诞辰！

后　记

　　以下文字，谈不上"后记"，只是想向关心我爸爸和喜爱他的作品的朋友们表示由衷的感谢！我先向我们正定县作协主席、文联副主席刘进忠同志表示由衷的感谢。在2021年元旦前的一次会议上，进忠提出：2022年是我爸爸八十周年诞辰，并且还说作协要有纪念活动。至于是否要真的搞这样的活动、大家是否有时间，我并不介意。但我必须向进忠主席说一声谢谢！

　　当进忠主席这样提出的时候，我不禁一怔：心想，如果我爸爸活着，他有八十岁了呀！在会上，我便连忙悄悄数起了指头。果然有八十岁。于是，我便产生了写这个小册子的想法……记得，那天会议之前的两个月左右，朋友给我发了一个小视频，上海举办了有关我父亲的一个纪念活动。

　　我感谢进忠的提醒，也感谢上海方面的活动。从我个人角度来说，看来正定县作协，该进忠来当这个"家"，处处他都能考虑周到。就说我们家的这件事，我都有些忽略了，可进忠还记得！如果他是粗心人，我也不会产生写这个小册子的念头。那样的话，对于我们家庭来说，我爸爸这"八十诞辰"似乎就有些苍白了，就好像过年忘了买新衣、忘了贴春联一样。

其实，我应该感谢的人还有很多！首先说，应该感谢我爸爸的老朋友尧山壁老师和志刚同志，是他们在百忙之中不畏烦琐，编辑出版了1998年版的我爸爸的第一本小说集。还有花山文艺出版社的历届领导和现任社长郝建国先生、副总编辑李爽女士以及编辑部主任梁老师东方先生，是他们促成了1998年版《贾大山小说集》、2014年版的《贾大山文学作品全集》和我这本书的出版，可以说没有他们，就没有我爸爸的小说集与读者见面的机会。当然也离不开省委宣传部和当年省作协领导的大力支持。

记得2014年，在出版我爸爸的《贾大山文学作品全集》时，东方老师冒着酷暑，为这本全集的出版工作，骑着自行车到正定找我谈过三四次。转眼间，八九年过去了。只记得东方老师每次来，天气都是很热，我让他上楼喝口水、歇一歇，天凉快些再走，却得到了他的谢绝！只在楼下的阴凉处说一说，在有关条款上签了字，他便走了。当他走后，便不由得想起当年我爸爸的朋友、《河北文学》的资深老主编肖杰老人，他和我爸爸约稿，也是在下班之后的中午，冒着酷暑，骑着自行车……后来，我和他结下了纯真的友谊、至深的情感！每次相见，他都要不由得提念起我的爸爸，表示着怀念。他的这种精神和他的一种情愫，使我感动至深。回头展望过去的八九年，东方老师的行为也是鼓励我今天写这本小册子的动力！还有好朋友贾贤赟以及贾现超等人。

在刚刚过去的2021年，又由花山文艺出版社出版了我爸爸的两本插图版小册子，即《古城人物》《梦庄记事》，由著名民俗画家刘现辉先生插图，由我写了两篇拙笨的"序"。借此机会，说两句淡话。两本小册子出版后，我意外发现刘现辉先生竟然还给"序"插了两幅图。我和东方老师说，我在图书馆工作多年，翻过的书也好、读过的书也罢，从来没有见过给"序"插图的。东方老师做了很多年编辑工作，他竟然也说没有见过。后来遇见了现辉先生，当我提及此事时，现辉先生笑着发了些感慨，并说："那两个情节触动了我，太感人了！读这两个情节时，首先要把自己放回到童年，想象着那就是自己……"

在进忠没有说那些话之前的一段时间里，有幸和刘现辉先生见过几次面，每次见面，他都再三叮嘱我，让我好好写一写我的爸爸。我敷衍了事地告诉他，有什么好写的。喜欢他的话，有时间多读两遍他的小说就行了。说实话，现辉先生也是鼓励我的人之一，并且是那种急不可待的鼓励，甚至是逼迫式的鼓励！在写这本小册子之前，我还想，自己是否能写好呢？不管写好写不好，我努力认真地写就是了，写在他八十周年诞辰之际，也总算做儿子的没有忘记他！

仔细想，上海举办的座谈会，央视台著名主持人康辉的电视宣传，省内外关注他的人以及居住在俄罗斯、法国、瑞典以及东南亚等一些华人来访，他们都暗暗向我倾注着写作这本书的动力！在这里，我向关心我爸爸的朋友们、喜欢他作品的读者们，表示由衷的感谢！

贾永辉
2022年3月